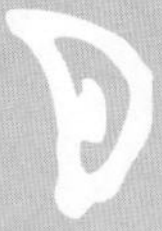

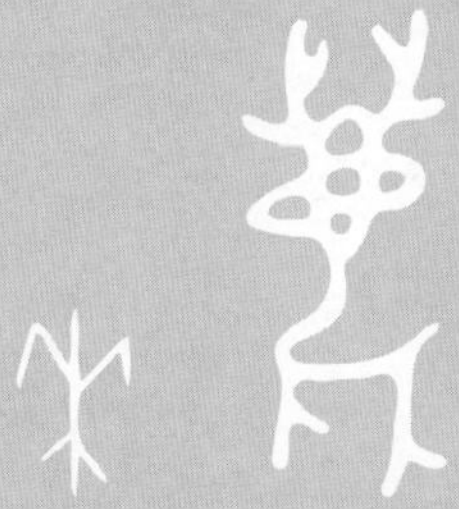

博阅中国

汉字的奥秘

何亚南
储泰松 编著

中国少年儿童新闻出版总社
中国少年儿童出版社
北京

图书在版编目（CIP）数据

汉字的奥秘 / 何亚南，储泰松编著 . -- 北京：中国少年儿童出版社, 2024.2
（博阅中国）
ISBN 978-7-5148-8574-3

Ⅰ . ①汉… Ⅱ . ①何… ②储… Ⅲ . ①汉字 – 少儿读物 Ⅳ . ① H12-49

中国国家版本馆 CIP 数据核字（2024）第 010532 号

HANZI DE AOMI
（博阅中国）

出版发行：	中国少年儿童新闻出版总社 中国少年儿童出版社
执行出版人：	马兴民

丛书策划：	缪 惟 纪 旭	责任校对：	刘 颖
责任编辑：	纪 旭	责任印务：	厉 静
装帧设计：	刘妍妍		

社　　址：	北京市朝阳区建国门外大街丙 12 号	邮政编码：	100022
编 辑 部：	010-57526320	总编室：	010-57526070
发 行 部：	010-57526568	官方网址：	www.ccppg.cn
印　　刷：	北京中科印刷有限公司		
开　　本：	720mm×1000mm　　1/16	印张：	10.25
版　　次：	2024 年 2 月第 1 版	印次：	2024 年 2 月第 1 次印刷
字　　数：	94 千字	印数：	1—5000 册
ISBN 978-7-5148-8574-3		定价：	39.00 元

图书出版质量投诉电话：010-57526069　　电子邮箱：cbzlts@ccppg.com.cn

作者序

说到汉字,你一定不会感到陌生,因为她与我们朝夕相处。无论我们走在大街上,还是坐在学校的课堂上,抑或在家,汉字无处不在,我们的学习和生活都离不开汉字。

中华民族有着数千年的文明史,古代文化源远流长,光辉灿烂。我们的祖国之所以被公认为世界四大文明古国之一,其中汉字是不可缺少的要素之一。

汉字默默地陪伴我们汉民族经历了五六千年的风风雨雨,她目睹并真切地记录了我们汉民族从蛮荒到文明的艰难历程,以丰腴的乳汁滋养了祖国辉煌的古代文明,也是华夏民族得以凝聚在一起的一个十分重要的因素。

而今,汉字从遥远的过去走来,她没有被陈列供奉在橱窗里,成为博得一片惊叹的古董,而是把辉煌和荣耀留在身后,抖落一身的尘埃和疲惫,以崭新的姿态,悄无声息地与我们继续同行,携手共创华夏文化更加辉煌的明天。汉字的"精神"正是我们民族精神的真实写照。

汉字不仅是汉民族灿烂的古代文化最富特征性的象征,也是人类文明史上的奇迹。我们的汉字不仅服务于汉民族,在历史上也曾成为周边国家的通用文字,推动了这些国家的文明进程,诸如日本、朝鲜、越南等国,他们都曾普遍使用过汉字。如今,随着我国在国际社会中发挥越来越重要的作用,学习汉语、识认汉字的人将越来越多。

汉字占有如此重要的地位,这恐怕你以前还没有意识到。是呀,我们对汉字太熟悉了,难免会"不识庐山真面目"。汉字是我们的先民集体创造的奇迹，一个个生动而精妙的汉字浓缩着汉民族先民们的思想和理念，闪烁着智慧的光芒。有关汉字的话题总是那样生动有趣、异彩纷呈。我们给小读者们献上这本书，目的是要让你们在轻松愉快中了解汉字的知识。

目录

- 1 汉字产生的传说
- 6 结绳记事——原始记事之一
- 9 图画记事——原始记事之二
- 13 刻契记事——原始记事之三
- 17 汉字孕育于原始记事方法
- 21 世纪大发现
- 25 甲骨文的由来
- 29 金文的由来
- 32 甲骨文与金文的关系
- 36 战国时期的汉字发展
- 41 文字形体的第一次规范化
- 47 程邈与隶书
- 52 小篆与隶书的差异
- 54 楷书的形成过程
- 60 楷书形成后的汉字发展趋势
- 62 值得注意的用字情况
- 65 汉字总数难求知
- 70 汉字书写工具的历史演变

74	六书理论的产生
78	生动形象的字形结构——象形之一
83	独体字中的合体字——象形之二
87	做个拼字成画的游戏——象形之三
91	象形加抽象符号的汉字——指事之一
95	纯符号构成的汉字——指事之二
97	根据原始字形方能知义——会意之一
102	从字形看古代风俗——会意之二
107	"为"字的启示——会意之三
112	谨防识字读半边——形声
119	分析字形结构忌机械
125	懂点儿汉字知识有好处
129	书法是世界艺术中的瑰宝
136	汉字宜于形成语句的形式美
141	汉字字谜益人心智
144	汉字在古代域外的使用与传播
148	汉字是联结时空的彩带

汉字产生的传说

汉字产生的传说很多，最富神奇色彩的要数"仓颉造字说"了。打开古书，凡说到汉字的由来，很少不提仓颉的。在汉字的发展史中，仓颉的名声可大着呢！

传说仓颉有四只眼睛。"人居然有四只眼睛！哈哈！"你肯定不相信！这的确十分奇怪、有趣。不过古书中的记载都是这样，信不信由你。

曾经有一则报道，说某国有一个人长有四只眼睛，除了前面两只与常人没有两样，后脑勺上还长了两只眼睛。奇妙的是四只眼睛都有视力。于是警察找到了他，让他专门在熙熙攘攘的大商场里抓小偷。嘿！效果奇佳。据说小偷们纷纷栽在他的手中。他的四只眼睛居然发挥了意想不到的独特作用。与这个人不同，仓颉的四只眼睛都长在前面。那么，他的四只眼睛是不是也发挥过什么奇特的作用呢？回答当然是肯定的。

要说仓颉，就得先说一下黄帝，因为仓颉与黄帝关系密切。黄帝是我们的祖先，这在我国是家喻户晓的。平时我们说到黄帝，都不自觉地会有一种神秘感。其实说穿了，黄帝就是我国原始社会的一个部落首领。传说他是一个发明家，诸如衣服、船、车等都是他发明的。在当时那种自然条件下，黄帝能利用自己的聪明才智改善人们的生活，自然就受到了人们的拥戴。

俗话说"强将手下无弱兵"，可不是，仓颉就是黄帝手下的一位"强兵"。传说仓颉是黄帝的史官。后代的史官是主管文书、典籍的官员，不过当时汉字也许还没有产生，至少离形成较为完整的汉字体系相距甚远，所以他这个史官也许不会有多少或者根本就没有文书、典籍要掌管。而祭祀、祝祷之类的事，恐怕倒是他经常要做的工作。黄帝是个发明家。仓颉也是。古书记载说：仓颉长有四只眼睛，很善于观察，往往能见人所未见，察人所未察。这大概是得益于比常人多两只眼睛吧！据传说，仓颉在观察了鸟兽行走留下的脚印痕迹以后，得到了启示，触发了灵感。不同鸟兽可以留下不同的痕迹，那不同的线条纹理的组合同样可以区分不同的事物。在这一灵感的启发下，仓颉便冥思苦想起来，最终他取得了惊人的成就，造出了汉字。有了汉字，我们的先民就可以脱离蛮荒，进入文明的殿堂了。这是一件多么了不起的事呀！它惊动了老天和鬼神。老天得知这一消息异常开心。有了汉字，汉民族向文明社会跨出了一大步，值得庆贺。怎么庆贺呢？就给老百姓送点儿粮食吧，毕竟民以食为天嘛！于是老天巨臂一挥，铺天盖地的小米便纷纷落下。老百姓的那个高兴劲儿，当然就不必说了。老天开心，百姓欢呼，而鬼神却悲哀起来了。有了汉字，人们就会越来越聪明，求神拜鬼的现象就会日渐减少，鬼神再也不能像以前那样肆无忌惮地愚弄百姓了。好日子即将成为过去，你说鬼神能不悲从中来吗？于是一到日落，夜空中就传来鬼神呜呜的凄惨哭声。

"居然会有这种事情！哈哈！哈哈！"你一定笑得前仰后合了。

事实上，主宰人类的天是不存在的，鬼神当然也属子虚乌有。问题是在远古时代，人们对自然世界的认识还十分幼稚。在许多现象还得不到合理解释的时候，人们就认为有一种超自然的力量主宰着人类，于是便崇拜起天来，并且信起鬼神来。仓颉造字发生在这样的社会环境中，自然就打上了那个时代的烙印，加上历代相传，不断增添夸张之辞，使得一件本来很正常的事越传越神奇，越传越高深莫测。

揭开神秘的面纱，以科学的态度去观察、分析事物，我们认为"仓颉造字说"并不真实。首先，汉字的产生经历了从无到有、由少到多、由简单到复杂的漫长过程，汉字体系不可能在黄帝时代一蹴而就，"仓颉造字说"违背了汉字产生的客观规律。其次，汉字是汉民族先民共同努力的产物，是在人们劳动和交往的过程中逐渐产生的，"仓颉造字说"把创造汉字的功劳归于仓颉一人，这与实际不符。另外，说仓颉长有四只眼睛恐怕也与事实不符。就像前面说的一样，仓颉是一位观察能力特别强的人。或许就是在这一事实的基础上，后代越传越神秘，最终使仓颉变成了一位有别于常人而多长了两只眼睛的异人。这一点正巧迎合了我国古代所谓"圣人异相"（即圣人的长相与众不同）的观点。

"仓颉造字说"不可信，但我们却不能说这个传说毫无意义，因为我们通过这个传说，至少可以获得三个重要的信息。

我们可以设想：汉字在产生之初，一定是零散的、杂乱的、没有系统的。这些混乱而不便使用的汉字，如果能经过一番整理加工，就能更好地发挥作用。整理加工这些汉字，必须要由知识渊博的人来承担，常人是难以胜任的。仓颉也许就是见于文献记载的第一个这样的人。这是"仓颉造字说"传达给我们的第一个重要信息。

汉字的产生具有划时代的意义，是蛮荒时代与文明社会的分水岭。所以，这是一件惊天动地的事件。"老天下小米，神鬼夜悲哭"是反映这一事件的夸张描写。这是"仓颉造字说"传达给我们的第二个信息。

汉字的产生可以追溯到黄帝时代，这个时代距离今天大约已有6000年。这是"仓颉造字说"告诉我们的第三个信息。

好了，通过上面的介绍，你一定已经初步感受到了我们每天使用的汉字沉甸甸的分量。汉字经历了大约6000年的历史发展到今天，其中凝聚了无数个"仓颉"的智慧和汗水，他们或有名或无名。不管他们有名还是无名，我们都应该铭记他们，向他们致敬。如今前人把接力棒传到了你的手中，你该怎么办？我想只要努力勤奋有创意，也许你就是将来的"仓颉"！

结绳记事——原始记事之一

"仓颉造字说"不可信，汉字是汉民族人们集体智慧的结晶，这是不容置疑的事实。但是，我们的先民是怎样创造汉字的？从没有汉字到有汉字的过程又是怎样的呢？这些都是饶有趣味的问题，吸引着我们继续向前探究。

课堂上，你在认真听课的同时，经常会拿起笔在书本上记下些什么。如果有人问你这是做什么，你一定会很干脆地回答："老师讲的重点内容我能不记下来吗？要不过会儿我会忘记的。"是呀，"好记性不如烂笔头"，人的记性再好，总有忘事的时候。别人讲的话稍纵即逝，不记下来则很容易忘记。上课记笔记能帮助我们记住所学的知识而不至于忘记，这实际上就涉及了如何"记事"的问题。

人总要记事。记事的方法多种多样，人们可以凭记忆记事，但更多的是借助其他手段来帮助记事。我们中国人最常用来帮助记事的工具就是汉字，因为使用汉字帮助记事最方便、最管用。不过，如果你认识的汉字还不够多，还不足以凭此来帮助记事，那该怎么办呢？或者有的人根本就不认识汉字，是文盲，那又该采用什么办法来帮助记事呢？原始人面临的问题恐怕比这些还多，因为那时还没有汉字，要记事就只能另想他法。下面就让我们来考察一下原始人的记事方法，在考察的过程中，或许你便能够把握到汉字产生的脉络了。

在还没有汉字的原始时代，我们的祖先常常采用的记事手段主要有三种：一是结绳记事；二是图画记事；三是刻契记事。这三种记事方法尤其是后两种，逐步演变发展，最终推动了汉字的产生。

"既然那时还没有汉字，原始人的情况是从哪儿知道的呢？"这是你肯定要问的一个问题。的确，要回答你的问题不太容易。为了搞清这个问题，许许多多的学者专家花费了大量的精力，搜集了各种各样的资料，然后根据这些资料分析、推断，给我们大致勾勒出了从原始记事到汉字产生的过程。

首先我们来看看结绳记事。我国的一部著名古籍《周易·系辞》中说："上古结绳而治，后世圣人易之以书契。"这句话的意思是说，远古的时候通过结绳记事的办法来处理事务，后代的圣人用汉字来替代这种方法。这一记载在其他古籍中也可以常常见到，如《九家易》中说古代没有文字，凡有盟约、誓言之类的事，事情重大，就用绳打个大结，事情轻微，就打个小结。世界上其他人种也有用结绳的办法记事的。据说拉丁美洲的印第安人，他们采用的结绳记事方法更是达到了十分复杂的程度，为了管理绳子的结法、解法，还设有专职的结绳官呢。他们用红绳代表战争和士兵，用白绳代表和平与银子，用黄绳代表金子；单结代表10，双结代表100，等等。我们今天看这些做法会觉得十分原始，但在原始社会中，这种记事手段却是必不可少的。人类正是这样一步步地跋涉向前，从而踏进文明的大门。结绳记事虽然距离汉字的产生还很遥远，还没有直接的联系，但汉字以部分代表整体的原则却已经隐含其中了。

图画记事——原始记事之二

看过电影《小兵张嘎》以后，我们一定不会忘记其中的一个镜头：张嘎在伤愈之后，瞒着老乡，自己悄悄地寻找区小队去了。临走前，他给老乡留下了一组简单的图画，以示自己已经离去之意。在那个年代，张嘎没有机会上学，他不识字，当然也就无法用书信表达自己的想法。张嘎活泼机灵，尽管他没有文化，但他想到了用图画来表情达意的办法。虽然不够精确，但大致意思还是能够生动地表示出来的。事实也的确如此，老乡一看那组画，便知张嘎已经离去。

在有了文字的今天，只要是有点儿文化的，很少有人愿意弃置文字而用图画来记述一件事或说明一个道理，但在文字还没有产生的远古时代，图画却是一种不可多得的生动而形象的记事方式。

图一

图一是刻在北美苏必利尔湖岩石上的《大湖石画》，画中记录了印第安人战斗的情况。图左上方的水老鹤和下中部的乌龟代表参战的部落，上方船上的短竖画代表水手和战士，右下方弧形下的三个圆点表示航程为三天，骑在马上的人是酋长和胜利者。

接着请再看下面一幅画，猜一下，画面记录的是什么事？

图二

图二是我国内蒙古境内扎赉诺尔出土的骨片上的一幅记事画。画面上以人为界分成两个部分：左面是一头正立的动物，接着是一张搭上箭的弓，方向直指那头动物；中间是一个人呈弯腰放箭之

状；右面是一头四脚朝天的动物。很显然，这是一幅原始人狩猎的场景图。左面的那头动物是即将被猎获的对象，而右面的那头动物则代表已被捕获的猎物。人后的小圆圈可能是用来计数的。这幅记事画真可谓层次清楚，生动形象，让人看了一目了然。

少数民族在远古时代有记事画，我们汉族的先民也画过类似的记事画。请看图三：

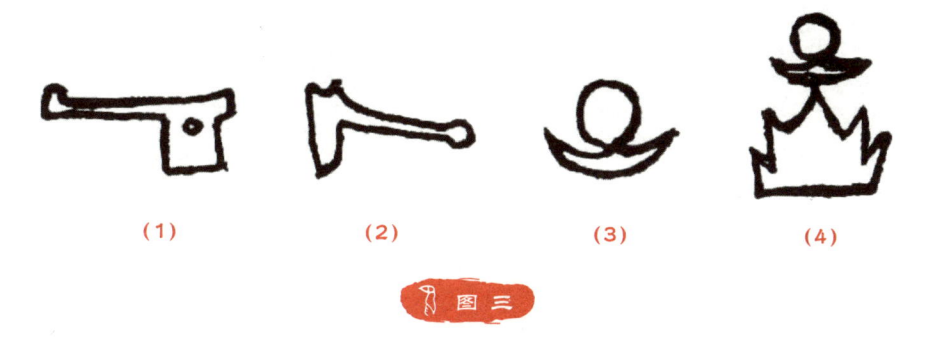

（1） （2） （3） （4）

图三

这几个图形是在今天山东省境内的莒（jǔ）县陵阳河遗址中发现的，这个遗址属于大汶口文化晚期，4个象形符号都刻在同一型号的大口陶缸上。（1）、（2）大概是斧子一类的器具。（4）的下部呈高低锯齿状的是参差起伏的山峦，山的上方是飘浮的云气，云气上方是喷薄而出的太阳。与（4）相比，（3）只是省略了下部的山峰，也是一幅日出图。

对于这4个图形，不同的学者有不同的看法，有的认为它们已是汉字，有的认为还不是。你说是不是呢？我想你肯定会说不知道。的确，这是个难以说得清的问题，在证据不足的情况下，我们暂时还是别把它们当作真正的汉字吧。不过，那时汉字已经处在萌芽时期大致是可以相信的。

　　大汶口文化晚期距离今天大约已有4500—5000年，那时的象形符号就已引起了今人的争论，说明图画记事与早期的汉字有着非常密切的关系。

刻契记事——原始记事之三

光有图画记事还是不够的,因为有些抽象的事情是无形可画的。在人们的日常生活中,不可能事事都是具体可感的。要记录这类抽象的事,看来原始人只有另求他法了。

《列子·说符》中记载了一则笑话:"宋人有游于道,得人遗契者,归而藏之,密数其齿。告邻人曰:'吾富可待矣。'"意思是说,宋国有个人,在路上捡到了别人丢失的一样东西,这东西上面契刻了许许多多的凹齿。于是他把这东西当作宝贝一样拿回家收藏起来,并且悄悄地计数了这个东西上面的齿数:"一五、一十、十五、二十……"他越数越高兴,于是神秘兮兮地告诉邻居说:"我呀,富裕的日子指日可待喽!"似乎他已经是一个百万富翁了。结果呢,他什么也没有得到。如果硬要说他得到什么的话,那就是他成了流传至今的千古笑料。

"这故事好笑在哪儿？我怎么不懂？"你可能又急了。这就给你说清原委。

原来呀，古人有这么一种做法：甲向乙借了债，双方都要留个凭据。制作凭据还挺麻烦，先得找来一根木条或一块木板，在上面刻上凹痕，借得多就多刻，借得少就少刻。刻完以后将木条或木板一剖为二，借者和债主各执一半，到还债的那天，借者根据凭据物上所刻的数目还债。还毕，将自己所执的一半凭据物与债主的那一半相合，如果完全吻合，那就表示准确无误，接着双方当面将凭据物销毁。这一手续古人称为"合契"。有了这种"契"，借者自然不能赖账，债主也不能凭空多算。

有了这一交代，我们就可以回头看那个宋国人了，他所捡到的就是借者或债主所执的凭据物——契。还没有搞清捡到的是借者所执还是债主所执的那一半，他就先瞎高兴起来。殊不知如果捡到的是借者的那一半，他非但不能发财，还可能要倾家荡产。即便是债主的那一半，那他又何从知道借者在哪儿？即便知道了借者，借者又怎么会把债务还给一个不相干的人？你说这人可笑不可笑！

笑话归笑话，故事中提到的"契"却是反映了古代社会中的一种记事方法，并且是民间普遍使用的，这就是刻契记事。在木条上刻上多少不同的抽象道道，就可以表示不同的数量，这种记事方法的确与图画记事很不相同。上面所说的故事发生在汉字早已形成系统的时代，那么原始汉民族是否也曾使用过这种记事方法呢？请先看图四：

Ⅰ	Ⅱ	X	✝	↑	T	↑	↓	⊬	⸺	╪	⋇
(1)	(2)	(3)	(4)	(5)	(6)	(7)	(8)	(9)	(10)	(11)	(12)

图四

图四的12个刻画符号都见于西安半坡遗址出土的陶器上。半坡遗址是一个原始部落集居地，距离今天已有6000—7000年之久。这些符号大多不具有图画记事那么生动的形象性，看上去比较抽象，不太容易搞清它们要表示什么意思。图四（1）、（2）、（3）、（4）与后来的金文、甲骨文中的"十""二十""五""七"等数字十分近似，因此有的学者认为它们已经是真正的汉字，但目前还没有统一的认识。不过，这些符号不同于一般的花纹装饰，却是大家的共识，因为它们可以在不同陶器的同一部位看到。制陶者一定是想通过这些符号表达某种特定的意思。但是他们到底要表达什么意思，我们目前还无法知道，尚待进一步探究。

说到刻契记事，很自然地就会联想到我国古代神秘莫测的八卦。八卦起源于何时，现今无从考证。今天所能见到的有关八卦的最早典籍是《周易》。八卦由阴爻（yáo）"--"和阳爻"—"两种线形组成，三根爻线叠在一起可得到8种不同的形。

| 乾 | 震 | 兑 | 离 | 巽 | 坎 | 艮 | 坤 |
|（天）|（雷）|（泽）|（火）|（风）|（水）|（山）|（地）|

图五

图五8种不同的形式就是八卦，八卦相叠又可得六十四卦。《周易》就是以此来代表宇宙间一定的事物的，图中八卦分别代表天、雷、泽、火、风、水、山、地。不管是八卦还是六十四卦，说穿了就是数学上比较简单的排列组合问题。等你学到了这一内容，就会发现这个问题太简单了，简直是小菜一碟！可放在两三千年前，这就算是十分复杂的抽象思维了。对于原始人来说，要从事这样的抽象思维活动，那就简直不可思议了。我国古代传说汉字起源于八卦，你会相信吗？我想你的回答一定是否定的。是的，汉字不会起源于八卦，八卦这种抽象思维不会在汉字产生之前就形成。事实恐怕是八卦可能与原始人的计数或刻契记事有着某种联系，是这类原始记事逐步演化而成的高级形式。

汉字孕育于原始记事方法

没有文字的社会是蛮荒的社会，人们之间的交往会有很多障碍。原始记事方法虽然能给人们的交往或行事提供一些帮助，但它们的局限性也是显而易见的。人类不能永远徘徊于混沌的世界之中，要脱离蛮荒时代，文字是必备的条件。我们的先民不愧为伟大的人们，他们用自己的智慧为我们的民族创造出了文字，使我们的民族率先步入了文明的殿堂。汉字是目前世界上仍在使用的最为古老的文字，是我们的骄傲。

我们的先民是怎样创造出汉字来的呢？从目前的研究成果来看，原始记事方法孕育了汉字，尤其是图画记事和刻契记事，恐怕是汉字的直接源头。

上文列举的大汶口文化遗址的几个图形，围绕着它们是不是汉字这个问题，学者已有不同的意见。这说明它们距离真正的汉字已经不远，另一方面也说明汉字的产生与图画记事有着十分密切的联系。请再看图六：

(1)　　(2)　　(3)　　(4)　　(5)　(6)

图六

图六是金文中的一些徽号文字。（1）是大象的侧面图。（2）是牛头的正面图。（3）是老虎的侧面图，图中血盆大口、身上的花纹以及锋利的爪子，这些老虎具有的特征描绘得十分清楚、生动。（4）是马的侧面图。（5）是乌龟的俯视图。（6）是鼎的侧面图。不管是动物还是器物，图六反映的都是它们静止不动的图形。

文字画还有描摹行为动作的呢！

(1)　　(2)　　(3)　　(4)　　(5)　　(6)

图七

图七（1）是一幅砍头的场景图。瞧，大斧一挥，顿时身首两处！（2）是一幅杀猪图，下方是一只人手握着一把刀，上面是一

头猪的象形。看了这幅图，我们好像可以听到猪挣扎时的尖叫声。（3）是一个人昂首持弓之形。（4）是一个人右手持戈、左手持盾之形。（5）是一个人一手持武器、一手牵倒人之形，似是一个胜利者的形象。（6）是一个人荷戈之形。

图六、图七看上去都是十分生动的图画，但你可千万不要误解了，它们已与图画有着本质的不同，已经是真正的汉字了。因为它们已经与汉语中词汇的音、义紧密地结合在一起了。只要形、音、义三要素都已具备，我们就没有理由再不承认它们是汉字。

这类文字，图画性十分明显，它们大都出现在青铜器上，作为部族的标志性符号，所以人们一般将这类文字称为徽号文字。进入记录语言的文章以后，这样的文字笔画大都要进一步简化，尤其是块面笔画要大大减少。因此，这类文字与成熟的汉字还是存在着一些差别的。但不管如何，我们由此可以看出，早期的汉字与图画记事有着多么紧密的联系！

刻契记事与汉字产生的关系也许不那么容易看清，但只要我们稍加考虑，其间的联系是不难理解的。例如汉字中的数词"一""二""三"等，它们的产生都与刻契记事有着较为密切的联系。不过比较而言，刻契记事与汉字产生的联系远没有图画记事那么明显和直接。

我们的先民就是这样，在蛮荒混沌的社会中艰难地摸索前行，终于渐渐地进入了文明的大门。从目前出土的资料看，一般认为汉字的起源大约经历了前文字阶段（原始记事方法阶段）、萌芽阶段、形成体系阶段。萌芽阶段的开端大约距离今天有6000年，这一时期在图画、刻契记事的基础上产生了一些符号，这些符号也许能记录一些语言中的单词，逐渐发展以后，可以记录一点儿简单的词组或不完全的句子。当这些符号能够记录一连串的句子并能表达比较复杂的思想感情时，也就标志着汉字的完整符号体系已经形成。从时间上看，汉字的萌芽大约开始于6000年前，这时正处于原始社会向奴隶社会过渡的阶段。形成体系距离今天约4000年，这时正处于第一个奴隶制社会——夏代。

汉字的产生和形成体系，是汉民族先民集体智慧的结晶，是中华民族的骄傲。但是，西方曾一度盛行"文字一源说"，在他们眼里，只有西方人能造出文字来，硬说诸如古埃及文字、印度文字以及汉字，都是从古巴比伦苏美尔文字发展出来的。试想，如果我们对汉字的发展历史没有了解、没有研究的话，就只能任凭他们歪曲历史而没有反击之力了。好在我国目前汉字研究的成果，足以把那些鼓吹谬论的人驳得体无完肤！当然，有关汉字产生的过程，还有许许多多的问题尚待研究探讨，现在我们对这一过程的描述只是粗线条式的，在这根链条上还有许多空缺部分，要填补这些空白，靠他，靠我，也靠你。希望你能加入这一行列中来。

世纪大发现

甲骨文对于你来说也许已不陌生,但甲骨文是如何发现和发掘的,恐怕你就不是很清楚了。下面就让我们来回顾一下这段充满悲欢的历史吧!

也许你很难相信,甲骨文,如此重大的考古发现,竟是源于一个偶然的机会。19世纪末期,在河南安阳小屯村这个很不起眼的地方,农民们种田时常常能刨出一些龟甲和兽骨来。由于无知,他们根本不知道这些就是商代人用以占卜的甲骨,更不知道那些甲骨上还刻有我们古老的汉字。他们认为这些兽骨之类是可以入药治病的"龙骨"。于是这些"龙骨"就被他们当作中药材卖掉,然后又在药店的碾子里变成了药粉。像这样被毁掉的甲骨片到底有多少,恐怕谁也无法弄清。1899年,山东潍县有个姓范的古董商,发现有的甲骨上刻有不易被察觉的文字，于是他便收集了一批有字甲骨运到京津一带贩卖。这一纯属谋利性质的商业行为，却在无意中揭开了甲骨文的价值被人真正认识的序幕。那些有字的甲骨首先引起了金石学家王懿荣等人的重视，王氏率先高价收购，并且按字论价，在短短一年左右的时间里，他就搜集了1500片甲骨。

在王懿荣高价收购甲骨片的时候，我们的祖国还处在腐败无能的清政府统治之下。当时的政府自顾不暇，根本无心于无价国宝甲骨的发掘工作。这样一直到1928年为止，甲骨经历民间无序的自发性发掘和私人收藏长达30年之久。在这一时期中，发生了一些至今都令人扼腕长叹的事。首先，甲骨由刚开始当作论斤贱卖的"龙骨"摇身变为按字论价的宝物，身价陡增百倍、千倍。在利益的驱使下，民间竞相挖掘。30年中出土甲骨较多的有八九批，共70000多片。甲骨片埋藏地下数千年以后变得异常松脆，民间野蛮的发掘造成了大量甲骨片的破碎。更有甚者，有的人为了追逐利益，居然将原本完整的甲骨片弄破，分块出售。这种人为的破坏，给后来的整理、研究工作造成了极大的困难。其次，这段时间内，一些外国人也乘机浑水摸鱼，高价抢购甲骨，使得部分甲骨流出国门。如加拿大的明义士、美国的方法敛、英国的库寿龄和金璋、日本的林泰辅等都曾干过这种勾当。这30年对于甲骨发掘来说，虽然也有收获，但造成的损失却是灾难性的，而且是无法弥补的。

1928年10月起，甲骨的发掘进入了第二个时期，从此一改过去无序的野蛮发掘，开始由当时的中央研究院历史语言研究所进行科学的发掘。到1937年抗日战争爆发为止，研究所先后在安阳小屯村及附近地区进行了15次科学发掘，获得有字甲骨共计24919片。另外，当时的河南省博物馆也组织了两次发掘工作，获得有字甲骨3656片。这两部分甲骨共计30000片左右，解放前夕都被转运到台湾去了。抗战爆发后不久，安阳便落入敌手。从此一直到中华人民共和国成立，甲骨发掘经历了一段灾难时期。在此期间出土的甲骨，大多数被帝国主义掠夺而流散国外，只有少部分为京沪两地公私收藏家购得。

中华人民共和国成立，标志着甲骨发掘工作进入了全新的时期。中国科学院在安阳小屯村组建了工作站，1950年起开始了在殷墟的科学考古发掘工作。到1966年的16年时间里，虽然仅发现6片有字的甲骨，但意义却非同寻常，因为6片中的5片是在小屯以外的地方发现的，这就有力地证明了甲骨并非仅藏于小屯一处。1973年在小屯南地的一次发掘，是1950年以来获得有字甲骨片数量最多的一次，共计4800多片，而且这批甲骨有明确的地层关系，并伴有不少陶器。这种地层关系对于甲骨的分期断代有着十分重要的价值。

从19世纪末叶甲骨文的首次发现，一直到1976年"文化大革命"结束，所有出土的甲骨片，无论发现于小屯村，还是周围的其他村庄，它们都是殷商时代的遗留物。这使得人们渐渐不自觉地形成了甲骨文是殷商时代"专利品"的看法，那么其他时代是否真的就没有甲骨文了呢？考古学界的新发现为我们做了很好的回答。1977年对甲骨文的考古发掘来说是一个大喜的年头，在陕西的周原旧址出土了大批有字甲骨片。这批甲骨文的出土，彻底打破了只有商代有甲骨文的神话。西周甲骨文传承商代遗风，笔画更加纤细有劲，字形细小，规整而巧丽，标志着当时微刻技术已经达到了很高的水平。继西周甲骨文的发现之后，20世纪90年代，考古学界又在西安市西郊斗门乡花园村先后两次发现比殷商时期更为原始的甲骨文。它们是在一个原始社会遗址的发掘过程中出土的，据考定，时间要比殷墟甲骨早1200年以上。这一考古发现证明，甲骨文在距今4500—5000年以前就已存在了，汉字起源的时代也许比我们原来认为的要更早。

甲骨文的由来

晋代有一位大文豪名叫左思，他殚精竭虑，精心构思十年，终于写出了一篇名垂千古的文学作品《三都赋》。陆机也是当时的一位大文豪，成名在左思之前。他原来也曾想写一篇类似的文学作品，当听说左思在写时，他觉得很好笑，心想：你左思是个无名之辈，居然也想创作这样的文学作品，真是不自量力！等着瞧吧，你写出来的东西肯定是废纸一堆，只能用来盖盖酒坛子！但是，等到左思的作品问世，自负的陆机拿来一读，可傻眼了！这部作品是如此的精妙绝伦，简直无懈可击，自己是无论如何也写不到如此高的水平。连陆机都自叹不如，作品当然轰动一时了。于是，京都洛阳的豪贵之家纷纷传抄吟诵。这下可乐坏了纸商们。他们趁机哄抬纸价，以致洛阳的纸张变得金贵起来。这就有了"洛阳纸贵"这个成语，以此来形容著作风行一时，流传很广。

　　文章再妙，没有纸传抄，仍然无法广泛传播。常说的文房四宝——笔墨纸砚，纸就是其中之一。可见当你要写点儿什么的时候，纸是必不可少的。纸是写字作画的一种十分重要的载体。但是直到东汉蔡伦革新造纸工艺，发明了"蔡侯纸"，纸张才得以广泛应用。你肯定要问："没有纸怎么写字呢？"别急，古人自有古人的办法，他们用布帛、竹简等作为字的载体。虽然没有今天使用纸张那么方便，但毕竟还是解决了写字的燃眉之急。我们这儿所说的甲骨文、金文，其实也是给那些出现在特殊载体上面的汉字取的名字。

　　先说甲骨文吧。所谓甲骨文，就是刻写在乌龟甲壳和兽骨上面的汉字。"好端端的，干吗把字刻写在龟壳、兽骨上？"你不禁要发问了。这当然是有原因的，而且这个原因反映了当时重要的社会风俗。

　　"天灵灵，地灵灵，妖魔鬼怪快快来……"巫婆、道士一边念念有词，一边手舞足蹈，似乎他们真能捉鬼驱邪。这样的镜头我们偶尔可以在影视片中看到，在现实生活中却再难目睹。但是，要把时光拉回到几千年前的商代，情况就大不相同了。与巫婆、道士的迷信相比，商代有过之而无不及。确切地说，甲骨文就是迷信的产物。

商代人非常迷信，即使是统治者也不例外。身处原始落后的时代，自然界的一切现象都不可能得到合理解释，人们普遍认为世界是由超自然的天、神主宰，天、神就成了顶礼膜拜的对象。天意不可违，所以遇事就得问问天意。天意是可以通过一定的征兆传给人类的，于是就有了占卜，因为当时人相信通过占卜可以了解天意。考古材料显示，我们的祖先在新石器时代就开始占卜了，到了商代，占卜之风仍然盛行。统治者事无巨细，都要先占卜一下，看看吉凶如何，诸如天会不会下雨，农业会不会丰收，打仗能不能得胜等，甚至于生育、做梦也要占卜一下。

占卜不能凭空去做，需要使用特殊的材料。商代人占卜时选用的材料是乌龟腹部的硬甲、背甲以及牛的肩胛骨（见图八），偶尔也选用其他兽

乌龟腹甲

牛肩胛骨

图八

骨。甲、骨取来后，经过一定的处理加工，就可以占卜使用了。占卜时，先在甲、骨背面钻凿出一些小坑，但不能洞穿甲骨。然后在小坑处烧灼加热，加热到一定的程度，甲、骨表面就会因热而"噼啪"爆裂，产生不规则的裂缝。古人就依据它来判断吉凶，这就是占卜了。在你看来这也许什么都不是，但古人可相信得很呢！

现在出土的新石器时期卜骨上没有文字记录，大概当时汉字还处于萌芽状态。到了商代就不同了，占卜由专人负责，而这些人也都有一定的文化水平。因此，占卜完毕，他们通常要将占卜的日期、占卜者、占卜的事由以及吉凶等情况用刀刻写在卜甲、卜骨上，甚至连占卜后吉凶应验与否的情况有时也会补刻上去。占卜用过的甲、骨当然要集中存放，由专人管理。随着商王朝的覆灭，这些甲、骨也被人遗忘而最终埋入地下。直至近代，这些甲、骨才又重见天日，成了研究商代史和古文字的稀世珍宝。

甲骨文与迷信活动占卜有着不可分割的联系，因为它所记录的内容绝大多数与占卜有关。因此，甲骨文又可称作甲骨卜辞；又因为甲骨文早先都是在商代都城废墟中发现的，所以也叫作殷墟文字。

金文的由来

再说金文，你可千万不要以为是金子做成的汉字，其实才不是呢！"金"这个字在古代跟今天的意思有些不一样，除了指金子，还可以指铜、银、铁等金属，总之一句话，"金"就是金属的总称。不知你是否注意过"固若金汤"这个成语，其中"金"用的就是这个意思。金文之"金"特指青铜器，所以，金文确切地说是指我国商周时代刻铸在青铜器上的汉字。因为这些汉字多见于钟鼎之上，因此以前又称钟鼎文。钟鼎不能包括所有的青铜器，相比之下，金文之称更具有概括性，也更为人们所接受。

甲骨文是有关占卜事宜的记录，那金文又是因何而有的呢？要回答这个问题，不可避免地要涉及青铜器的演变与发展。青铜器是社会经济政治发展到一定阶段的产物。早期的青铜器主要是供人们使用的，诸如各类工具、兵器等。后来随着社会的发展，等级森严的奴隶制逐渐形成，经常用于祭祀等的青铜器具便被赋予了特殊的意义，那就是通过它们可以分辨尊卑贵贱。我们今天常以"一言九鼎"来形容一句话能起到重大的作用，"九鼎"为何能表示起重大作用的意思呢？这与青铜器在奴隶社会的特殊功用有着密切的联系。传说夏代禹王用九州之铜铸造了九只鼎，九鼎历代相传，成了奴隶社会权力的象征。谁拥有了九鼎，谁就拥有了统治天下的权力，谁就是天子。甚至后来有天子九鼎、诸侯七鼎、大夫五鼎、士三鼎之类的等级。

　　九鼎既然这么重要，当然谁都想得到它们，但是要得到它们又谈何容易！没有雄厚的实力，连这种念头都不应该有。古籍《左传》中记载了公元前606年的一件事，当时楚国国力大盛，派兵一直打到周天子的鼻子底下，并在那儿阅兵示威。周定王派人去慰劳楚君。楚君不尽臣礼，不向周天子表示应有的敬意，反而向使者问起了九鼎的大小轻重。九鼎是天下权力的象征，也是你楚君配问的吗？但楚君就是问了！他用这种方式告诉周天子：你不行了，天下的权力该归我了！可怜周天子当时势单力薄，虽然身为天子，却对楚君无可奈何。后来"问鼎"就成了篡位或取而代之的代名词，并一直沿用至今。因此，我们可以这么说，青铜器作为一种特殊的历史文化现象，已深深地融进了我们古老的汉文化之中。

作为可以代表不同等级的青铜器，在商周时代占有如此特殊的地位，人们自然对之重视有加。于是，刻有族名、做器人名、受祭人名、器名的青铜器产生了，随后，刻有祭祀典礼、颂扬祖先、征伐功绩、赏赐分封、训示臣下、刑书契约等较长文辞的青铜器也应运而生。迄今为止，发现字数最多的一篇金文是西周晚期的毛公鼎，共有497个字。这些青铜器流传至今，我们便得以见到铸刻其上的特殊汉字书体——金文。金文所反映的内容要比甲骨文丰富得多，涉及政治、经济、宗教、技术等诸多方面。与甲骨文一样，它们也是今人研究商周历史和古汉字必不可少的珍贵资料（见图九）。

商四祀邲其卣底铭（摹本）

西周我方鼎铭文

图九

甲骨文与金文的关系

甲骨文和金文是我们今天所能见到的较为古老的汉字形体,它们的字形原始、古朴,象形性的特点尤为突出,字形还都没有十分稳定,诸如笔画可多可少,形体大小不拘等。这些特点都可从图十看出。

甲骨文　　　　　　　　　金文

图十

虽然甲骨文和金文有许多共同之处，但它们毕竟是两种书体，书写的手段和文字的载体都不相同，因此在字形方面，两者也存在着明显的差异。

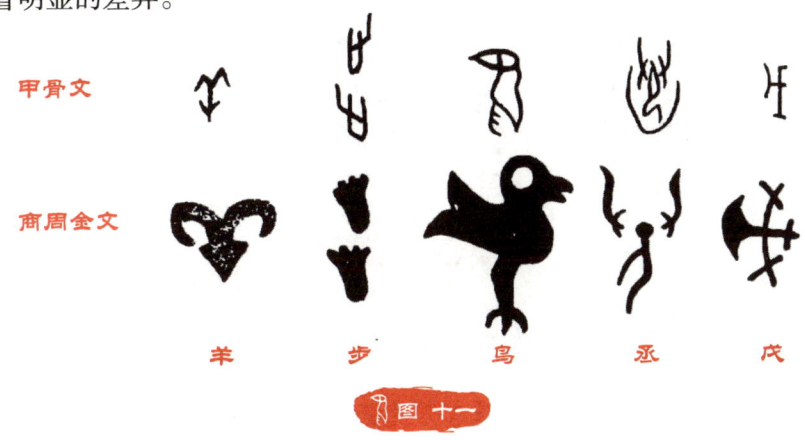

甲骨文

商周金文

羊　步　鸟　丞　戌

图十一

从图十一的对比中可以发现，金文中有许多类似图画的文字画，尤其是用作族名的金文。它们的笔画大多呈块面状，有的干脆是把事物的图形真实地描画出来，如"鸟"和"步"字，要是在其他什么场合，说不定你会把它们当作图画看待。这类金文的象形性最强。与之相比，甲骨文的象形性要低得多。

甲骨文和金文的区别还明显地表现在笔画的弯曲之处。一般说来，甲骨文在笔画的弯曲处多呈现方折趋势；金文则多为圆弧形，看上去圆润、流畅。

这种差别在图十二中得到了充分的体现，尤其是"见"字中的眼睛、"牧"字中的牛角最能体现各自的笔画特征。参考了图十一、图十二，我们也可以看出，甲骨文的笔画大多瘦细硬挺；金

甲骨文　𓊨　𓁋　𓏢　𓏣　𓀠

商周金文　且　見　其　品　牧

祖　見　其　品　牧

图十二

文的笔画一般都较为粗重规整，而且大多中部粗，首尾纤锐出锋。

归根到底，甲骨文和金文字形的差异主要是由不同的书写方式造成的。商代统治者事无巨细都要占卜，频繁的占卜势必要求频繁地刻契卜辞，而要在坚硬的甲骨上刻字是很费工费时的。为了能应付频繁的占卜，刻契者只能采用较为方便简捷的办法从事刻契。这样就形成了甲骨文特有的字形特点。

金文是铸刻在青铜器上的，工匠们在制作模具时，可以有充裕的时间将文字镌刻其上。另外，青铜礼器在那个时代的特殊地位，客观上也要求使用较为规整的汉字。

从时代上看，甲骨文要早于大多数的金文。过去有很多人就凭此而认为金文是从甲骨文演变来的。其实这种看法与事实并不相符。从字形上看，相信我们都会感觉到，金文更加象形，显示出浓重的图画性和原始性。另外，用刀刻字也不是当时正常的书写汉字的方法。考古发现，我国使用毛笔作为书写工具，至少已有三四千年的历史。看来商代书写的主要工具应该是毛笔，字体当然不会与甲骨文一样。有趣的是，出土的甲骨片中已经发现有用毛笔书写的汉字，字形与金文相似。虽然这样的甲骨片数量极少，但却足以让我们得出一个重要的结论：金文是当时的正体字，是用在比较郑重场合的正规字体；甲骨文是日常使用的、比较简便的字体。

战国时期的汉字发展

话说公元前475年，中国在经历了孔子称为礼崩乐坏的春秋时代之后，周天子早已经名存实亡，各诸侯国独自为政，称霸一方，中国进入了第一个四分五裂的历史时期，即战国时期。到公元前221年秦始皇统一六国，战国时期经历了250年。这是一个战火频仍的时代，也是一个异彩纷呈的时代。秦、齐、楚、韩、赵、魏、燕，战国七雄哪个都梦想成为天下的霸主，为此，七国间展开了长期而复杂的殊死搏斗。为了富国强兵，各国纷纷网罗人才，中国出现了历史上少有的"百花齐放，百家争鸣"的局面。这样的一个时代，汉字字体也随之发生了很大的变化和发展。

七雄各自为政，造成了区域间的暂时隔离。在这种相对封闭的环境中，七国的汉字由原来一统的字体开始走向分歧，并逐渐表现出各自不同的特点。这段历史时期的汉字书体就是战国文字。

秦国是建立在周王朝旧地的一个诸侯国，地处西僻，最初较为落后。与其他六国相比，秦国是最忠实地继承西周汉字书体的国家，后来秦国又统一了六国，因此，秦系文字在战国文字中自成一体，占有重要的地位。其他六国的汉字书体与秦系文字表现出了很不相同的特征，一般被称为"六国文字"，以区别于秦系文字。不过你千万不要误解，六国文字并不是真的就有6种明显不同的书体，其实只有4种。原因是韩、魏、赵三国是由春秋时期的晋国三分而成的。家是分了，但在经济、政治、文化等各方面依然存在着割不断的亲缘关系，在书体方面也是如此。所以，人们常常不分称这三国，而合称它们为"三晋"。

商代、西周时期的汉字，今天只能主要从甲骨片和青铜器上见到。但战国文字就不同了。战国时期毕竟距离今天相对近了些，所以遗留下来的实物上的文字资料要比商代和西周前期丰富得多。除了与前代相同的金文以外，还有印章文字、货币文字、陶器文字、石鼓文字、刻石文字、简帛文字等，另外还有文献中保留下来的战国文字材料。

说到战国的文字载体，竹简不能不单独提一下。大约在商代初期，竹简就已作为主要的书写材料，只是由于竹简与铜器、甲骨相比更容易损坏、腐烂，使得我们今天难觅早期竹简的踪影。一般

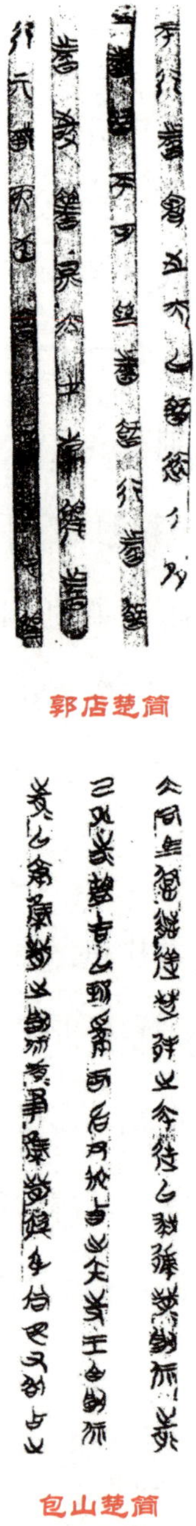

郭店楚简

包山楚简

图十三

说来，竹简削成后要先用火烤炙，让其水分蒸发，这道工序叫汗青，取其水分蒸发出竹面像人出汗之意。汗青可以使竹简干燥，便于书写；也可以防止虫蛀，便于长久保存。将单片竹简用绳子或熟牛皮编结起来，就成了册。一片竹简多则可写几十个字，要是写一本几十万字的著作，所需的竹简数量之多不可想象。《史记》中记载这样一件有趣的事，汉武帝时有位文士名叫东方朔，他博学善辩，刚到都城长安时就给公车（掌管征召的官）上了一封自荐书，总共用了三千简牍，结果两个人使出吃奶的力气才勉强把这些简牍抬起来。可见简册使用起来很不方便，与今天的纸张无法相比。不仅如此，编结简册的绳子天长日久，也很容易断开，这给保管典籍又带来了很大的不便。《论语》里说孔子晚年专精于《周易》，经常翻阅，以至于"韦编三绝"，"韦"就是熟牛皮。牛皮编结的简册尚且经常断开，更不用说普通绳子了。但不管如何，在没有纸的年代，竹简廉价易制，仍是其他书写材料无法比拟的。不仅如此，竹简埋在地下，耐腐性优于纸张，这使得距离战国时期几千年的我们仍能见到当时的竹简典册（见图十三）。

到了战国时期，奴隶制进一步瓦解，社会经济、政治、文化诸多方面都得到了飞速的发展。在这种形势下，汉字的使用面不断扩大，使用频率也不断增加。先前那种凝重、正规又不便于书写的汉字字体，显然越来越不能满足人们交往使用的需要。于是，除秦国以外的六国率先出现了改变正统汉字形体的冲击波，不很规范的俗体字在社会上广泛流行。这种便于书写的俗体字不再过多地顾及汉字的象形性，向汉字的符号化迈进了一步。汉字笔画的简省是六国文字的最大特点，但由于地区的差异，一个字往往有不同的写法。

图十四

从图十四可以看出，这些字形已基本失去象形性，尤其是"马"字，除了楚系中有一个字形还稍微有点儿象形的意味外，其他字形与先前的甲骨文、金文相比，真可以说是面目全非了。

相比六国文字，原先的正统书体显得苍白无力。著名古文字学家裘锡圭先生说："在战国晚期，至少在某些国家里，俗体字已经在很大程度上取代了传统的正体字。"真是战国风云多变，汉字也经历了一番巨变。当然，由于这种变化过于剧烈，也由于后来六国文字被秦始皇废止，今天我们在释读出土的六国文字材料时遇到了许多麻烦，有些字的音义至今仍无法知晓，有待于进一步探索、研究。

文字形体的第一次规范化

公元前221年，秦始皇凭借其雄厚的国力消灭了其他六国，实现了天下的大一统。为了巩固中央集权，秦始皇采取了许多强有力的措施，"书同文"就是其中之一。所谓"书同文"，就是要统一天下的文字，即废止六国文字，推行在战国秦系文字基础上整理出来的正规书体——小篆。由于六国文字歧义太多，影响了各地区之间在经济、文化等方面的交流，也由于秦系文字较多地承继了商周汉字的正统字形，所以"书同文"顺利地得到了实施，小篆成了天下公认的正规书体，六国文字则随着时代的推移而逐渐退出历史舞台，变成了历史的陈迹。

在统一全国文字之前，秦国首先需要对自己的文字做一番整理。秦国大臣李斯、赵高以及太史令胡毋敬分别编撰的《仓颉篇》

《爱历篇》和《博学篇》就是整理工作的具体体现。这三种类似识字课本的书中所用的字体就是小篆,也是当时推行"书同文"措施的标准字体。可惜这三本书没有能够流传至今,秦代的篆文只能从其他一些实物上略睹其风采。

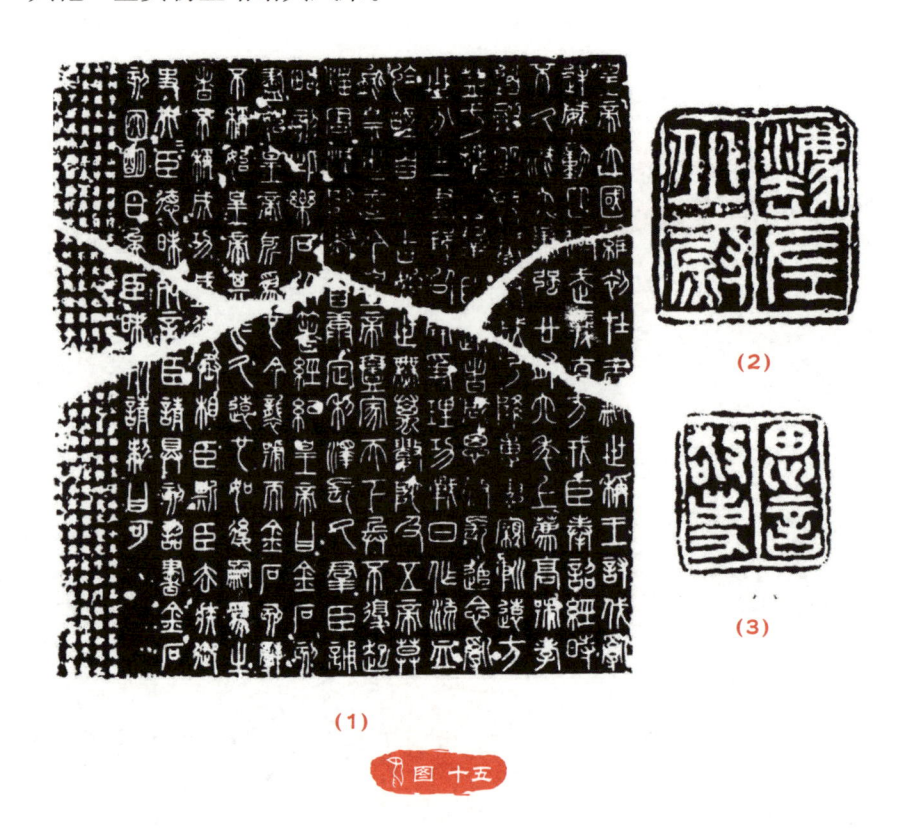

图十五

图十五(1)是峄(yì)山刻石摹本,(2)、(3)都是印章。除此以外,在兵器、量具、陶器、漆器上也可以见到一些秦代的篆文。像图十五(1)的字体是秦代篆文的典型代表。

李斯等人整理出来的小篆当然不是凭空创造出来的,而是在继承前人的基础上得来的。这个基础就是秦统一全国前的春秋战国时的文字。反映春秋战国秦文字的实物很多，其中与小篆有着密切关系的是石鼓文和诅楚文。

石鼓是唐代被发现的，出土地点是今天陕西省凤翔县境内，共有10块石头，据考证可能是秦国的器物。因为这些石头形状像鼓，古人就称之为石鼓，上面的文字自然就叫"石鼓文"了。经过了1000多年，这10个石鼓虽然全部保存下来了（现在存放在北京故宫博物院），但上面的文字已被破坏过半。石鼓文很少涉及历史史实，但却有很高的文学价值，更是研究秦国文字的有用材料。

诅楚文，顾名思义就是诅咒楚国的文章。秦国为什么要诅咒楚国呢？原来在战国时，楚怀王曾带领六国的军队围攻秦国。秦国对此恨之入骨，一方面在战场上与他们兵戎相见，一方面又使巫祝之类的人装神弄鬼，祈求神灵降祸楚军，惩罚他们。这些祝祷的话刻在石头上就形成了所谓的"诅楚文"。相传诅楚文是在北宋年间被发现的，共有三块刻石，现在已经全部失传，只能见到刻石的摹刻本。对于诅楚文的真实性，现在有很多学者提出怀疑，有的认为诅楚文是秦汉以来的常见碑刻篆文稍加变化伪造而成的。结论到底怎样，还有待进一步探讨。

小篆与石鼓文相比有两种明显的变化。第一个变化是小篆字形进一步趋向规整、匀称，象形程度进一步减弱。

石鼓文　　　　　　　　　　　
小篆
　　　　为　　角　　灶　　涉

图十六

　　图十六的"为"字，石鼓文大象的腿和尾巴还稍有分别，略具象形性；小篆字形则将腿的笔画下引与尾巴笔画齐整，字形变得匀称、整齐，象形性则进一步丧失。在"角"和"灶"两个字中，小篆丧失象形性的趋势则更为明显。石鼓文的"涉"字，虽然"止"已很少象形性，但河流仍横在两"止（脚）"之间，涉水之义在字形上仍有生动的体现；到了小篆，"水"字移至左面，从字形上已不能看出字义。

　　第二个变化是小篆笔画趋向简化，方便了书写。

石鼓文
小篆
　　　　吾　　道　　中　　草

图十七

通过图十七，某些字从石鼓文到小篆，繁简的变化可以一目了然。

值得注意的是，上面两种变化并不是从李斯等人整理出来的小篆开始表现出来的，而是在战国时代的秦国文字中就已经显现出来。例如秦统一前铸造的新郪（qī）虎符（虎符是古代朝廷用来传达命令、调兵遣将的一种凭证）和杜虎符，上面的铭文字体与统一后的篆文几乎没有差别（见图十八）。可见小篆与秦统一前的秦国文字之间并没有绝对的分界线，它是在春秋战国时期秦国文字的基础上逐渐演变而来的。秦国统一天下后，李斯等人为了推行"书同文"的措施，只是对当时的秦国文字做了整理、统一的工作，而没有做创新的工作。

小篆虽然象形程度已不能与甲骨文、金文以及西周、春秋的字形同日而语，但它毕竟还保留了古汉字的基

新郪虎符

杜虎符

图十八

本书写笔法，有些字还具有一定的象形性，所以，我们一般仍把它归入古汉字的范围。与小篆相比，隶书就很不相同了，它更多地具备了今天文字字形的特点。

程邈与隶书

传说秦始皇统治时期有一位了不起的人，他的名字叫程邈（miǎo）。此人学问很大，聪明绝顶。几乎是在李斯等人整理秦国篆文的同时，他创造出了一种新的汉字书写体——隶书。隶书是什么样子？大概你一定想先睹为快，那我们就先看几个隶书汉字吧！

鸟亦步逐物

图十九

"嗬，隶书原来就是这个样子，看上去与现在的楷书已经没有太大的差别了。"你说得没错，隶书的确已不像小篆那样笔画圆曲、具有象形意味，楷书的基本笔画横、竖、撇、捺、点等，隶书都已基本具备。隶书与小篆之间的差异是巨大的，如果说小篆与甲骨文、金文相比，象形性已十分微弱、符号性得到大大增强的话，那么隶书与小篆相比，其间的变化之大是前者远不能比的。因为隶书根本不再顾及汉字的象形性，只是把它当作记录汉语的一种符号体系。从隶书开始，汉字基本上跨进了今文汉字的大门，隶书在汉字书体的演变过程中，具有里程碑式的重要意义。

隶书的意义是如此的重大，就难怪历代都对程邈褒扬有加，只差一点儿没把他说成仓颉再世。但时至今日，我们对程邈的评价却远远不如前人了。这是为什么呢？

其实，程邈一个人发明不了隶书，就如仓颉一个人不可能创造出全部汉字一样，隶书早在战国时期就已萌芽、产生，根本不是在秦始皇统一中国以后才产生的。说汉字不是仓颉造出来的，我们大多只能根据贫乏的出土资料进行推测；而说隶书不是程邈发明的，我们则可以用大量的出土文物加以证明。要说清这个问题，我们仍得把视线转移到战国时期。

战国时期，秦国一方面在正式的场合使用正规书体——篆文，诸如国家颁布的政令等；另一方面在日常使用汉字的时候，往往为了图方便、省事而不断改造正规的字形。这样，当时的秦国实际上存在着正规的和日常通俗的两种书体。这种情况也有些类似于我们今天汉字使用的状况，有按照规范使用的印刷体，也有日常使用的手写体，两者之间不尽相同，却又相辅相成。秦国的正规书体与俗体之间的差异远比我们今天大。

秦国正、俗两体同时并用的情况，在秦孝公时代就已经出现。后来随着文字使用越来越频繁，俗体的流行程度也越来越强，以至于在兵器铭文、漆器铭文、印文、陶文等里面都可以见到俗体字的身影。这些俗体字普遍用方折的笔画去改变正规篆文的圆弧形笔画，俗体字成了隶书产生的基础。

要说反映秦国的俗体字的风貌，没有什么比得上睡虎地秦墓竹简。1975年，我国考古学界有一个重大发现，这就是在湖北省云梦睡虎地发现了古代墓群，其中在十一号秦墓中出土了1155支竹简。这是有史以来第一次发现秦国简册，而且数量多，内容也十分丰富，涉及政府文告、法律制度、医学著作等方面。更珍贵的是，这批简册全用毛笔书写，字体则与小篆迥然有别，是当时已经广泛使用的俗体。从这批竹简的字体看，当时隶书已基本形成，它们与西汉早期的隶书几乎没有什么差别。

睡虎地秦墓竹简抄写于战国末年至秦代初年，这说明隶书在战国晚期就已形成，而不是秦统一六国以后，更不会是程邈发明的。不过隶书在逐渐形成的过程中，经常使用文字的官府书吏之类的人一定发挥过重要的作用，也许程邈就是其中突出的一个，也许程邈的确对俗体字做过一些整理工作，于是后人夸大了他的作用，最终把隶书的发明附会到他的身上。

秦简书体虽然标志着隶书基本形成，但它毕竟是早期隶书，还不是完全成熟的隶书，其中有些字的写法仍然接近于小篆，这样的状况在西汉早期的隶书中也还能见到。但不管怎么说，隶书书写起来要比小篆方便、简捷得多，虽然秦代小篆是主要书体，但在日常使用的广阔领域中，隶书一定占了主导地位。隶书为人们普遍接受，也就意味着她离取代小篆而成为正式书体之时已经不远。事实也正是如此，在秦王朝以小篆统一全国文字后没有多久，代之而起的西汉就确立了隶书作为正式书体的地位。从那以后，小篆就只出现在刻石、印章等少数场合，成了一种极为次要的书体。

在隶书成为正式书体以后，又经历了一段由不完全成熟到成熟的发展过程，西汉武帝时（公元前140年—前87年）可以看作两种隶书的交替过渡阶段。前一阶段的隶书一般称为"秦隶"或"古隶"，成熟的隶书则称为"汉隶"或"八分""分书""分隶"。图十九就属于汉隶。汉隶在字形笔法上大致有如下特点：字形一般都是扁方而规整；撇、捺往往都略向上挑，横画略呈微波起伏之势，起笔常有下垂的顿势，收笔时上挑出锋，"蚕头燕尾"指的就是这种笔势的横画。

图二十是东汉时的碑刻，它们都是成熟的隶书，上面所说的笔法特点在这些碑刻中得到了充分的体现。如果你有兴趣的话，不妨

拿起毛笔来，按照隶书的笔法特点运笔，看看你写出来的字是不是有点儿隶书的味道。

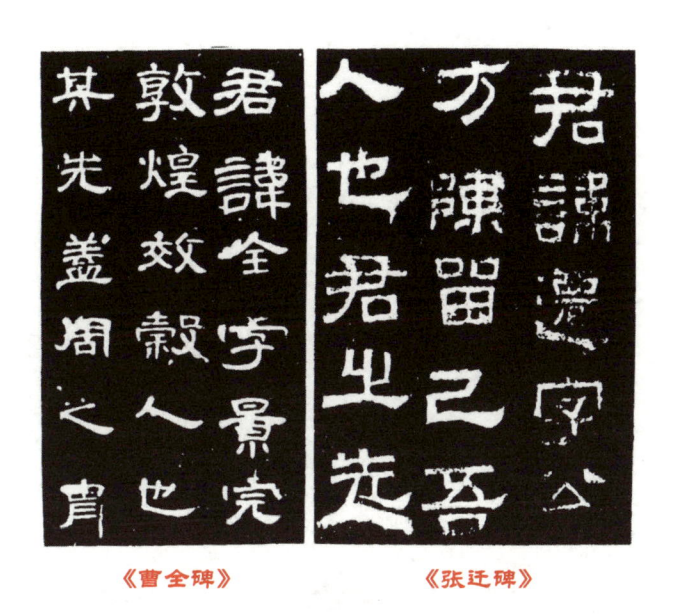

《曹全碑》　　　《张迁碑》

图二十

小篆与隶书的差异

由篆文到隶书，是汉字形体演变史中最重要的一次变革，这一变化一般也称作"隶变"。隶变使得汉字的面貌发生了极大的变化，对汉字的结构产生了很大的影响。

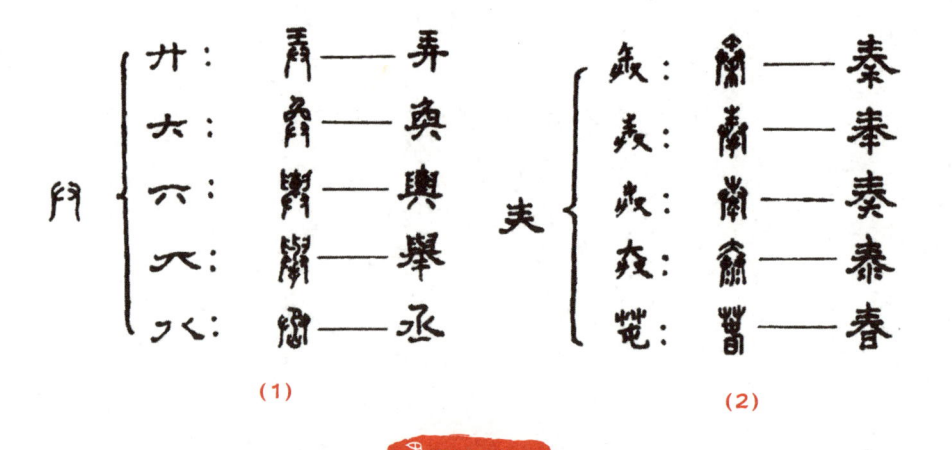

图二十一

图二十一（1）是由原来小篆的一种形体偏旁分化出隶书的5种不同形体的偏旁，即所谓一篆变数形；（2）正好相反，是数篆变一形。又如，图二十二（1）是隶书把篆文的两笔并为一笔（如"大"），或者把两个以上的偏旁或偏旁所包含的部分合并起来（如"襄""遷""無"）；（2）则是隶书直截了当地省去篆文字形的一部分而使得字形简化。

隶书就是这样一种书体，它不再顾及汉字的形象性，一切为了书写的方便简捷。从此以后，汉字虽然仍未脱离表意文字的体系，但字形已基本丧失象形意味，而且许多汉字不能再用象形、会意、指事、形声四种结构形式去分析字形。

大 —— 大
襄 —— 襄
遷 —— 遷
無 —— 無

(1)

雷 —— 雷
屈 —— 屈
香 —— 香
曹 —— 曹

(2)

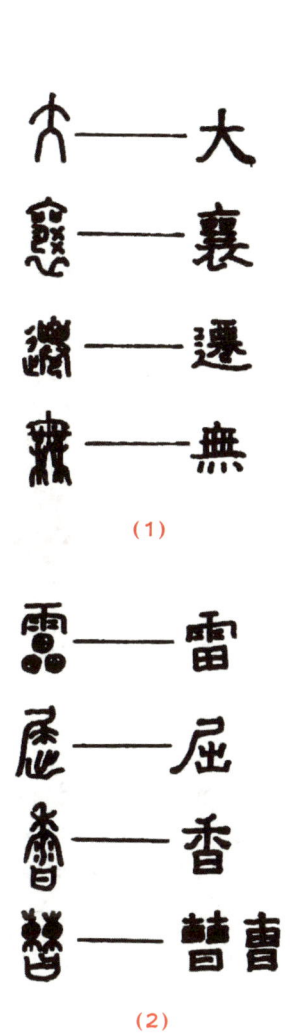

图 二十二

楷书的形成过程

楷书，这是个十分熟悉的字体，每当打开课本、阅读书报杂志时，映入我们眼帘的无不是汉字楷书的身影。比起以前的书体，楷书笔画的简易方便最为显著，楷书使得我们使用汉字更为自由、方便。作为一种正规书体，楷书在使用方面的优越性是以前的所有汉字字体都无法比拟的。楷书更能体现出汉字书体成熟的魅力。

"楷书是从何而来的呢？想必是从隶书发展来的。"你自然地会做出这样的推断。没错，楷书是从隶书发展而来的。不过两种书体之间的演变过程并没有我们想象的那么简单，尤其是要把楷书的产生跟草书联系起来，恐怕你会觉得丈二和尚摸不着头脑了。

原来人的求易欲望是没有止境的，金文难刻，就有了笔画相对简易的甲骨文；春秋战国时的正规书体难写，就有了简化纷异的六国文字；秦国篆文难写，于是又有了简便易写的隶书。我们先人的求易欲望并没有因为隶书成了正规书体而停止，哪怕隶书比篆文写起来更为方便，但时间长了，人们又觉得隶书写起来麻烦。怎么办呢？于是在汉代，以隶书作为正规书体的同时，在日常使用中，人们又开始使用起一种新的书体来。这种书体就是在隶书俗体（草率的隶书）基础上形成的，形成时间大约在西汉元帝、成帝之时，也就是说与汉隶的形成时间大致相仿。这种书体后人给它起名叫"章草"（见图二十三）。"章"有条理、法则等义，章草的得名大概就是源于此。

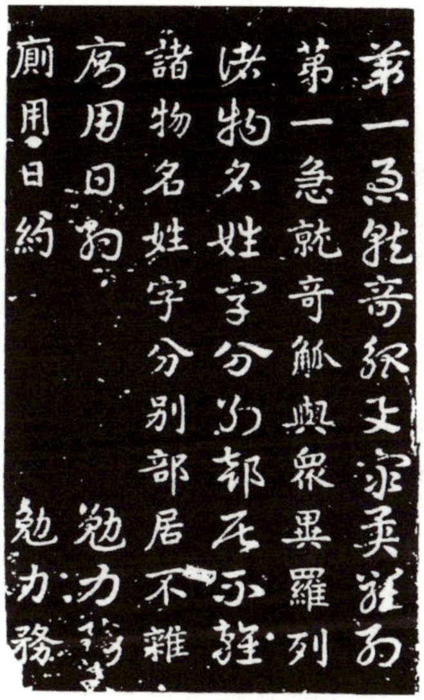

章草是辅助隶书的一种简便字体，起草文稿、通信之类的场合使用这种书体最为多见。与隶书相比，章草形成前的群众基础不如隶书广泛，

松江本《急就章》

图 二十三

加上字形过于简单，一些字彼此容易混淆，所以这种书体最终没有能够像隶书取代篆文那样，取代隶书而成为正规书体。

章草虽然没有成为正规书体，却为后来楷书的产生打下了一定的基础。大约在东汉中期以后，汉隶又进一步发展变化，产生了一种日常使用的俗体隶书。这种书体很大程度上抛弃了汉隶收笔时上挑的笔法，同时吸收了草书的笔法，例如较多地使用尖撇。这种隶书现在一般称为"新隶体"。新隶体呈现出了由汉隶向楷书过渡的面貌。

这种在汉隶和章草基础上形成的新隶体，在东汉以后曾一度十分流行。汉魏之际，在新隶体流行、章草处于向今草（比章草更草、更不易辨认的一种草书体）过渡的同时，又出现了一种非隶非草的新书体，这种新书体就是比新隶体更接近于楷书的早期行书。

有了早期行书这一基础，楷书也就呼之欲出了。如果把规整一些的早期行书写得端庄一点儿，把早期行书里已经出现的横画收笔用顿势的笔法普遍加以应用，再加一些捺笔和硬钩的使用，最初的楷书也就形成了。

图二十四是钟繇（yáo）《宣示表》的临摹本，历来被看作最早的楷书作品。虽说它已可以算作楷书了，但其脱胎于行书的痕迹依然清晰可辨，如"所""是"等字。钟繇（公元151年—230年）生活于汉魏之间。由此可见，楷书早在汉魏之间就已产生，距离今天已

有1700多年了。

尽管楷书在汉魏之际已经产生，但那时的楷书与后来的仍不尽相同。而且在楷书刚刚形成之时，它还不是一种流行的书体，甚至在整个魏晋时代使用楷书的人一直很少，主要是一些文人学士，突出的代表人物有王羲之、王献之父子等。当时通行的书体仍主要是新隶体或者是介于新隶体和早期行书之间的字体。这种局面直到魏晋以后的南北朝时期才得到改观。

进入南北朝以后，楷书终于演变成了主要的书体。当时，在钟繇、王羲之父子的魏晋楷书影响下，由新隶体演变出了一种楷书形式。这种楷书在字形和笔法上保留了新隶体的一些比较明显的痕迹，整个字形面貌比起钟、王等人的楷书要古拙一些。这样的楷书在北朝的碑刻、墓志等实物上长期占据了统治地位。由于使用这种

《宣示表》临摹本

图 二十四

楷书的北魏碑志数量很多，所以后人就称这种楷书为"魏碑体"。例如图二十五。

南朝到了齐、梁时代，开始出现与钟繇、王羲之父子等人的楷书十分近似的楷书。可以说楷书在绕了一个圈子以后，又走上了返璞归真的道路。因为这种楷书脱胎于行书，作为碑刻正体来使用，总会给人一种不够庄严、稳重的感觉，于是南北朝时的人在刻碑志时总要将这种楷书做些改造，例如图二十六。

但是，南北朝人仅仅做了些小修小改的工作，与钟、王的楷书相比，面貌还没有太大的改观，离成熟的楷书还稍有距离。真正完成改造工作，要到唐初的欧阳询。古人对欧体楷书的评价很高，说他的楷书每一点、每一画都具有法度，没有一点儿迁就、随便的味道。是不是真的？看了图

(1)

(2)

图 二十五

《高归彦造像记》

图 二十六

二十七以后，你就可以自己判断了。

拓片虽不十分清晰，但字体的端庄、规整确实是图二十六无法相比的。发展到这里，楷书算是真正定型了。

图二十七

楷书形成后的汉字发展趋势

从唐代楷书真正定型后，汉字的字体就再也没有很大的变化了，直到今天，我们仍在使用这种书体。书体是定型了，但人们的求易欲望却一刻也没有停止过。书写汉字的求易倾向表现在两个方面：一是将难写的圆弧笔画改造成方折的或平直的笔画；二是简化繁复的笔画。汉字的楷书体基本上解决了第一个问题，人们不再为难写的圆弧形笔画犯愁了，但是笔画的简化仍大有潜力。所以，即使唐代汉字书体楷书定型以后，人们在汉字简化这方面的努力和追求一刻也没有停止过。汉字始终朝着不断简化的方向前进。

宋代以后印刷术的发明，使得我们很少有机会看到古代日常用字的情况。但是，在一些古代的字典中，我们仍可窥见古代用字的一斑。《集韵》是宋代人丁度等奉诏修订的一本韵书，反映了唐宋时候的用字情况。这本字典收录了许多民间使用的俗字，这些俗字往往反映出人们求简求易的倾向。例如"邇"可以写作"迩"，"妣"可以写作"妣"，"處"可以写作"处"，"庇"可以写作"庀"等，"迩"和"处"正是我们现在已经采用的简体字；而"妣"和"庀"，其简化程度可让今人自叹弗如。

　　简化汉字的步伐在中华人民共和国成立后也没有停止过，不仅如此，国家还十分重视这项工作。1956年1月，国务院全体会议第二十三次会议通过《关于公布汉字简化方案的决议》，之后到1959年7月陆续公布了四批简化汉字，1964年5月中国文字改革委员会汇总编印了《简化字总表》。现在，我们使用的规范汉字就是经过这次简化后的汉字。

值得注意的用字情况

汉字的历史十分悠久，在漫长的使用过程中，由于种种原因，出现了一些较为特殊的用字情况。假如对此一无所知的话，可能会给我们的学习带来一些麻烦，甚至会闹出一些笑话来。

你也许有时会见到同学有叫"×堃""×喆"的，开始可能会感觉两个字不好认，接着你便会发现这两个字就是"坤"和"哲"字。"堃"和"坤"、"喆"和"哲"是两组语音和字义毫无差别，只有字形不同的字。我们称具有这样关系的两个字叫异体字。两个或两个以上的异体字，在实际使用的过程中起的作用仅相当于一个字。这种情况的存在，只能白白地浪费我们的精力，增加识认汉字的难度，除此以外无一好处。异体字是文字不规范的一种表现，但是，我国地域辽阔，历史悠久，在交通不发达的过去，由于地域的限制以及时间的变迁，出现异体字现象是毫不奇怪的。解放后，我国政府对这种文字不规范的现象相当重视，1955年和1956年曾两次整理异体字，总计淘汰1821个字。经过这两次整理，异体字数量大大减少，方便了我们学用汉字。

与异体字相反，汉字中也有用同一个字形表示两个完全不同的字的情况。如"嘿"字，现在一般用作象声词，表示人的笑声，但在古代它却是"默"字的异体；"适（kuò）"本来是用作表示疾速之义的字，现代却用作表示前往之义的"適（shì）"字的简体等。这类字一般称为同形字。你瞧，同一个字形，古今不仅字义不相同，就连读音也迥然有别。要是我们机械地以古律今，或以今律古的话，就非闹出笑话来不可。

还有一种用字现象完全是封建社会等级礼制的反映。史载清代乾隆时有位举人叫王锡侯，曾写了一本叫《字贯》的书。这本书对《康熙字典》的错误多有纠正，是受到人们称赞的一本书。想不到的是，他却因为这本书招来了杀身之祸。这是什么原因呢？原因就是他在凡例中将"庙讳及御名开列"了出来，犯了大逆之罪。所谓"庙讳"就是指皇帝父、祖的名字，"御名"就是皇帝的名字。那么，王锡侯就是因为写出了皇帝以及他的父、祖名字而横遭杀戮，这在今天似乎是不可思议的，但在封建社会却是可能的。原来封建社会讲究避讳，所谓避讳就是不能直称或直书君主或尊长的名字，凡是遇到和君主、尊长名字相同的字，就要用改字、缺笔等手法来回避。如汉高祖姓名为刘邦，那么汉代遇到"邦"字都要回避。《论语》里有"何必去父母之邦"一句话，汉代的石刻儒经里"邦"改成了"国"。又如唐太宗姓名为李世民，这样有本叫《世本》的书就遭殃了，有的把它改称为《代本》，有的改称为《系本》。这两例都属于改字避讳。改字避讳给古籍带来了混乱，这个朝代避这些讳，到了那个朝代不用避了，就有人要还古籍的原貌，把改过的避讳字再回改过来，而有时这种回改做得不彻底，有时又将不必改的地方错改了。像这样反复折腾几次，有的古籍往往被搞得面目全非。与改字避讳相比，缺笔避讳可以较好地避免破坏古籍。如宋真宗姓名为赵桓，为避讳，"桓"字就都写作"栢"。又如孔子名丘，避讳字就写作"丘"。这种避讳不改字，但避讳字都要比正常的字少写一笔。这样做也很糟糕，它破坏了汉字结构的完整性。

汉字总数难求知

汉字从萌芽时期到今天,大约有6000年的历史。经过历代的积累到今天,汉字的总数有多少呢?回答这个问题是不是很容易呢?"简单极了,拿本最好的字典来数一下不就得了!"你也许会这样说。你的想法固然好,不过哪一本字典是最好的呢?或者说哪一本字典是囊括了所有的汉字的呢?这是你在开始数字数前必须先要解决的问题,否则你将劳而无功。这样一来,恐怕你就会觉得,要弄清汉字字数到底有多少并不那么容易了。

事实的确如此,不过问题虽不容易求得答案,但人们并没有放弃努力。这方面的努力大多反映在历代的字典之中。说到字典、词典,你也许首先会想到《新华字典》和《现代汉语词典》,这是很自然的。不过它们所收的汉字数目还远远不能反映汉字的总数。我们不妨再把目光转回到古代，看看古人是如何把曾经使用和古今都使用的汉字记录下来，流传到今天的。

我国最早的词典一类的工具书要算战国至两汉之间累积编写而成的《尔雅》了。你别看它只是一本工具书，但在封建社会，它的地位却很高，是儒家13部经典著作之一。在那时，你要想成为一名真正的儒士，要具备求得一官半职的资格，如果对《尔雅》一无所知的话，那简直是不可想象的。这本工具书不以收字为主要目的，而主要是收录了古代一些常用词语以及其他专门术语。全书总共只有10890字，可见所收单字数量不会很大，当然也不可能反映战国至两汉之间汉字的真实使用情况。

秦代为了实行"书同文"的政策，李斯等人曾编了几种类似识字课本的字书，这些字书大多没有能够流传到今天，但是它们的内容却多数被《说文解字》吸收了。《说文解字》写成于东汉和帝永元十二年（公元100年），是我国最早的一部体系完备的字典。这部字典第一次采用按部首排列汉字的方法，把所收的汉字分别排列在540个部首之下。全书收录正字9353个，另外加上1163个战国时候的古字形和异体字形，共计收录10516个汉字。所收汉字总数是它以前的字书所无法企及的。但是这部字典所收的字仍然不可能是当时汉字的总数，因为《说文解字》收录的正字全部是小篆，而当时隶书早已是正规书体了。可以想象得出，经过隶变之后，不同形体的汉字会大量出现，新字、俗体字也会大量涌现，由于体例的限制，《说文解字》当然无法反映这种汉字的新面貌。

有了《说文解字》这部标准的字典做榜样，两汉以后的字典就层出不穷了。晋代吕忱编了一部隶书字典《字林》，据说共收字12824个，只可惜这部书在宋朝就已经散失了。到了南北朝梁、陈之时，又有一位名叫顾野王的人，传说他博学多闻，对古代篆文、奇异僻字无所不晓，最终编成了一部重要的字典《玉篇》，收录字数多达16917个。后来又经过唐代孙强等人的增补，字数多达22700多个，真可谓盛极一时。不过南北朝是一个国家四分五裂的时期，也是一个文化大发展的时期，相信当时的汉字发展变化也很大，加上分裂造成的区域隔阂，汉字的使用情况一定更为复杂。顾野王是南朝人，对北方的汉字使用情况不会有对南方那么熟悉，所以要凭借他一个人的力量，在一本字典里把天下的汉字收尽，当然是不可能的。

唐代字典收字没有超过《玉篇》的。到了宋代，题名司马光，实则由王洙、胡宿等编撰的字典《类篇》，收字数量大大超过了前代，达到了53165个。一般认为这部字典收字不够严谨，所以字数会有这么多。即使是这样，这部字典也不能说已收尽天下的汉字。

《类篇》的收字总数很少有字典能够赶得上，但就称誉来说，它却不能与清代的《康熙字典》相比。《康熙字典》由大学士张玉书领衔主编，编成于清康熙五十五年（公元1716年）。这部字典体例严谨，博引经史子集之书，汉、晋、唐、宋、元、明无所不及，被认为是自有字典以来最为详尽的一部。字典分为十二集，214个部首，共收字47035个，正体、异体、简体，只要能涉及，便都收入。

你看字典收字之多，到《类篇》《康熙字典》应该画个句号了吧。即使是《类篇》有许多收字并不可靠，但《康熙字典》应该是比较可靠的。人们在说到古代收字最多的字典时，大多只称《康熙字典》而不称《类篇》，原因也就在于此。47035个就是汉字的总字数，我们能不能就此下定论呢？这可千万不能！且不说中国的古籍汗牛充栋，谁也不敢说已经把所有的古籍都调查过了，单说从康熙五十五年到今天，时光又流过300多年，这一段不算太短的时间里，汉字也不会没有发展变化，而这种变化是《康熙字典》所无法反映的。

远的不说，就说近现代吧。首先，在人称代词方面就曾一度出现过分化现象，如在表示女性第二人称时用"妳"与"你"相对，"她"与"他"相对。现在"她"已被广泛接受，而"妳"却仍不是一个规范的字。另外动物的第三人称曾一度使用"牠（牴）"字。这些分化体虽然有的只是昙花一现，但在汉字大家庭中它们也是一分子，总数不能不算它们。其次，还不断有全新的汉字产生，例如化学元素镥、钚、钛、氯、氮、氢等，这些字都是随着现代科学的发展而新造出来表示一定化学元素的专门汉字，它们自然也是汉字大家族的一分子，必须增补入汉字的总数之中去。再则，随着考古学科日益增多的新发现，许多前人见不到的早期汉字我们见到了，它们也是要融进汉字总数的大家庭的。

由于以上种种原因，编一部收字更多、质量更高的大字典条件已经具备。于是《汉语大字典》（共8卷）于1986年起开始陆续出版了。这部字典吸收了最新的研究成果，总结了前人编撰字典的经验教训，质量当然远胜于《康熙字典》。新版《汉语大字典》收楷书单字60000多个，数量上超过了《类篇》，真正可以无愧地说，是迄今为止收字最多的字典了。

看到这儿，你也许会松一口气了："汉字大概就是60000个左右了。"的确，就目前来说，能做到这一步已实属不易。不过问题还没有最终解决，首先，所有的汉字是否都收尽了呢？这是编撰者自己也不敢下断言的问题。其次，对于古代的一些特殊用字现象如何处理，现代仍有不同的看法。像我们上文谈到的异体字、避讳字，《康熙字典》就将缺笔避讳字也收了进去，这样，我们计算汉字总字数就遇到了麻烦：缺笔避讳字实际与正常的字相等，但形体上又因少了一笔而与正常字不同。这种情况与异体字有质的区别，但表现形式上又有某些相似之处。

值得讨论的问题还很多，在这些问题没有解决之前，要确切地说出汉字字数有多少是很困难的。看来这个问题，在这儿，还不能给你一个满意的答案。

汉字书写工具的历史演变

文字是要写出来以后才能体现它的功用的,这个道理,我们大家都十分清楚。要写字,当然离不开书写工具——笔。谈到笔,你当然会觉得再熟悉不过了。一个上学读书的人,哪天能够离得开笔呢?上课记笔记、做作业、写文章,哪一样能没有笔呢?打开文具盒,会有各种各样的笔供你挑选:钢笔、圆珠笔、铅笔、水彩笔……真可谓丰富多彩。

作为文房四宝之一的笔,在古代专指毛笔。笔的历史很久远,但究竟起源于什么时候,没有统一的说法。古书中有"蒙恬(秦始皇手下的大将)造笔"的传说,但"笔"字的出现远早于这个时期,请看图二十八:

(1)(2)是甲骨文,(3)(4)是金文,(5)是小篆。从前

(1)　　　(2)　　　(3)　　　　(4)　　　　(5)

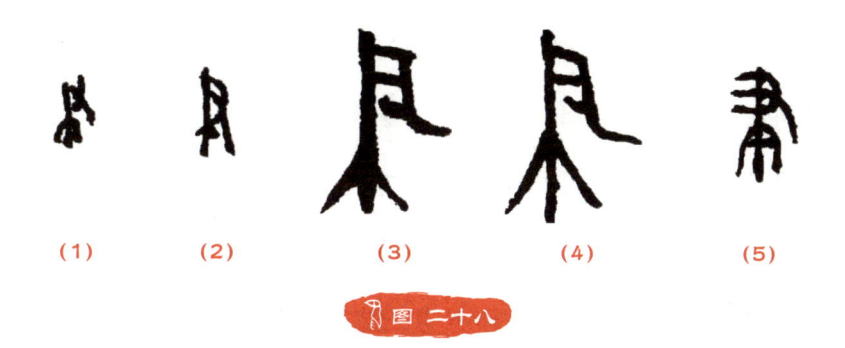

图二十八

面4个字形上，我们可以清楚地知道这个字要表示的意思：人们用来写字的工具——笔。这个字楷书写作"聿"，就是"筆（笔）"的最初字形。用手扶笔写字，形象生动可感。这个字形告诉我们，我国使用毛笔作为书写工具，至少已有三四千年的历史。

考古发掘也能证明这个说法。新石器时代陶器上的彩陶花纹，线条流畅，笔触清晰，一般认为这是用毛笔或类似于毛制工具绘制的。今天出土的殷商时龟甲兽骨上面，残留有明显的墨的痕迹，它可能是古人用刀笔随手刻字，然后涂上墨，或者是先用毛笔写好底字，再用刀照着雕刻而成的。这时候的笔应该是比较简陋的。到了战国时期，笔的工艺就比较复杂了。1954年6月，湖南长沙市左家公山一座战国墓中出土了一支用上好兔箭毛制成的毛笔，笔锋尖挺，特别适合书写简牍。笔头和整个笔身都装在一支小竹管内，笔杆为竹质、实心、圆柱形，笔毛围在笔杆的一端，用细长的丝线缠紧，外面再涂上一层漆，使毛固定可靠，这是我们看到的最古老的笔，也是目前存世最古老的笔。

战国时期，诸侯割据，各国文字不同，对笔的叫法也不一样：楚国称聿，吴国称不律，燕国称弗。秦统一中国后，才统称为笔。

毛笔一般由三部分组成：笔帽、笔杆、笔头。

笔帽，又称笔套，古代又称笔㯻，是保护笔头的一种简单工具，它使毛笔利于存放，方便携带。笔帽一般以竹为原料制成，也有以金、银、玉石、水晶、象牙、玳瑁等为原材料。笔帽既保护笔头，又保持水分，有利于书写。现代又盛行软塑料笔帽，呈圆锥形，它不受虫蛀，又保持水分。

笔杆又称笔管，下端连着笔头，上面为写字时手执的部位，一般以冬天的竹为原料制作，其中以鸡毛竹、湘妃竹为最好，也有用树木或其他原料制作的。木质笔杆由秦国开始使用，品种有柘木、红木、楠木、花梨木等，都是名贵木材。

手指握笔杆的位置即握管的高低分寸，在书法上称为笔位。它把笔杆一分为二，中点处为腰，腰至连接笔头的地方平均分成三段，由下往上称作一分处、二分处、三分处。一般写中楷、小楷字，执笔宜在三分处。

笔头是体现毛笔特征的部分，也是毛笔最重要的部分。笔头主要由羊毫、狼毫、紫毫制作，也有用鼠须、鸡毛、鹿毛、人须、胎毛以及其他飞禽走兽的毫毛制作的。一般在笔锋尖端处有段透明发亮的部分，书法家称为颖，锋颖长才耐用，它是构成好笔的先决条件。笔锋根据其长短可分为长锋、中锋、短锋，它决定笔的弹性大小，因此，写较大的字或行书、草书，应该选用长锋笔，写中、小字或楷书，则需选用中、短锋。

今天，在人们的生活中，毛笔已让位给钢笔、圆珠笔、签字笔、铅笔等，你可能还写毛笔字，但那只是作为一种陶冶情操的业余爱好。

六书理论的产生

汉字方方正正,但字形千变万化,许多形体接近的汉字,它们的差别仅在一点一画之间。面对如此多需要识认的汉字,我们难免会有这样的感叹:要是有一种简便、实用的识认汉字之法就好了!谁都想用较少的时间识认更多的汉字,追求高效率是人类的普遍共性,现代人是这样,古代人又何尝不是这样呢?要提高人们识认汉字的效率,弄清汉字的结构特点是个关键。有关这个问题,古人早就进行了探索,六书理论便是这种探索的结果。假如你懂得了六书理论,并将它运用到你识认汉字的实践中去,可以肯定,你识认汉字的效率将会得到较大的提高。说到这儿,也许你已经对六书理论有些兴趣了,下面就给你说说六书理论的来龙去脉。

从我国的古籍记载来看,"六书"这个名称出现得还真够早呢！《周礼》是写成于春秋时期的一部古籍，在书中说到了"保氏"这一官职。"保氏"是掌管什么的呢？书中介绍说："养国子以道，乃教之六艺。一曰五礼，二曰六乐，三曰五射，四曰五驭，五曰六书，六曰九数。"意思是说保氏应该用道德规范来教育公卿大夫的子弟，要把六艺教给他们。六艺是什么级别的知识呢？你或许会认为是很高深的知识，其实才不是呢！另一本古书《大戴礼记·保傅》中说："古者年八岁而出就外舍，学小艺焉，履小节焉。""保傅"和"保氏"是一回事，从这儿我们可以看到，六艺就是小艺、小节。宋代大学者朱熹在《〈大学章句〉序》中说得更清楚："人生八岁，则自王公以下，至于庶人之子弟，皆入小学，而教之以洒扫、应对、进退之节，礼、乐、射、御、书、数之文。"至此，我们可以清楚地知道，保氏的职能大致与今天的小学教师相同，六艺的内容是做人的起码礼节和基本常识。尽管《周礼》没有明确说明六书是什么，但我们大致可以推定是有关识字、写字方面的基础知识。由此看来，六书理论与古代的小学教学内容还有联系呢！

　　光有"六书"的名称还不行，人们总还想知道它的具体内容。问题是《周礼》中没有明确的说明，那怎么办呢？既然六书是有关识字、写字的常识，那就肯定与汉字的构造有关。只要把汉字的构造弄清了，六书的内容自然就有了。这样，有许多学者对汉字的构造就展开了研究。到了西汉末期，有位大学者刘歆提出了他的看法，他认为六书就是"象形、象事、象意、象声、转注、假借"。他的说法保存在班固的《汉书·艺文志》中。东汉时大学者郑众在注释《周礼》时，认为六书应是"象形、会意、处事、谐声、转注、假借"。比较两种说法，我们发现除了名称和排列次序略有不同以外，其实质内容并没有什么差别。六书的具体名称都有了，但它们怎样运用到分析汉字结构的实践中去呢？刘歆、郑众都没有给我们满意的回答。东汉文字学家许慎是第一位将六书理论付诸实践并著成专著的学者。他的《说文解字》写成于公元100年，书中对当时的9000多个汉字逐一做了形体结构分析。不仅如此，他还对前人的六书理论做了总结，提出了自己的新见解，他认为六书是"指事、象形、会意、形声、转注、假借"，还第一次给它们下了定义、举了例子。至此，六书理论的系统已完全形成。细心的你在看了许慎的六书具体名称以后或许已经发现，这六个名称正是我们今天所说的六书名称。的确如此，我们今天采用的六书名称和排列次序是"象形、指事、会意、形声、转注、假借"。实际上这六书中真正反映汉字结构的只有前面的四书，后二书则是用字之法。我们之所以要采用这六书的名称和排列次序，是因为它们能准确地表示汉字的结构形式和用字之法，能较好地反映汉字由低级到高级、由简单到繁杂、由不表音到有表音成分、由独体到合体的历史演变过程。

六书理论从完全形成系统算起，距今已有1900年的历史。在这漫长的历史过程中，六书理论一直是人们分析汉字结构的主要方法，直到今天这种局面也没有改变。这充分证明了六书理论的科学性。我们相信，只要你掌握了六书理论，不但能提高你的识字能力，还能加深你对汉字本质特点的认识。

生动形象的字形结构——象形之一

	甲骨文	金文	其他	小篆
(1)				
(2)				
(3)				
(4)				
(5)				

图二十九

前面说过，早期汉字与图画记事有着紧密的联系。象形字在这方面表现得尤为突出。大凡有形可像、有形可画的常见事物，古人大多将它们用简练的笔画勾勒出来，造成汉字。

图二十九都是动物的象形字，（1）是"马"字，马与其他动物不同，长脸、多鬃毛、长毛尾巴。这些特点在甲骨文字形上都得到了体现。（2）是"虎"字，虎张牙舞爪，身上斑纹清晰可见，甲骨文可谓形象生

动。(3)这个字想必你也能猜得出来,什么动物的角如此漂亮?什么动物跑动起来身姿如此轻盈动人?当然非"鹿"莫属。(4)这个动物最大的特征就是鼻子长,啊,没错,是大"象"。(5)这种动物看了真有点儿吓人,挥舞着两只大钳子,身子怪模怪样,这是蝎子。形状是蝎子,但这个汉字现在到底怎么写呢?从小篆字形上,你大概已经能够跟"萬(万)"字联系起来了。"萬"字就是蝎子,而如今"萬"字用来表示10千则是它的借用义。

人和动物都可以有形可像,那么植物呢?当然也可以。下面我们不妨再看几例。

图 三十

图三十中的字形都与庄稼有关。(1)就是庄稼之形,甲骨文之形尤其形象。这个字现在写作"来",本来表示麦子之义,但后来借用来表示"来去"之"来"。(2)一眼就能看出是"禾"字。

除了植物以外,其他还有许多事物都可以用象形文字来表示,

	甲骨文	金文	其他	小篆
(1)				
(2)				
(3)				
(4)				
(5)				
(6)				

图 三十一

上面就是几个例子。

图三十一的（1）、（2）分别是"鼎""豆"字。"鼎"是古代的炊器，也常常用作国家权力的象征。"豆"是古代的盛具，祭祀时常用之盛祭物，因此它是礼器。从字形上看，"豆"或有盖，或无盖。今天所使用的"豆"字应该是属于有盖子的一类。"不对，不对。豆怎么会是盛具？应该是植物豆类的总称！"你肯定有些不平了。不过，你说的不全对。上古时期，"豆"是不用作植物

之称的，汉代以后，"豆"才被油料植物之称强借去。借用时间长了，我们已经习以为常，它的本来意义却反而鲜为人知了。其实要了解"豆"字也不难，抽空去一下博物馆，就什么问题都解决了。

（3）是"戈"字，它的金文简直就是这种武器的图画。汉字中从"戈"的字很多，大多与战争、打仗有关。凡事与戈有关，总有些不妙，所以我们才常说要"化干戈为玉帛"。

（4）的甲骨文、金文生动地勾勒了贝壳的形状。贝壳在古人眼里可是十分美好的东西，原始人用它来作装饰品，后来还曾一度将它用作货币。许慎说："古者货贝而宝龟，周而有泉，至秦废贝行钱。"意思是说远古时人们把贝壳当作财物，把乌龟壳当作宝物，到了周代有了泉币（一种货币），一直到了秦代才废除贝币而流行铜钱。时至今日，贝壳虽然已不是什么贵重的东西，但它所表示的意义延用至今，"宝贝"一词仍然时不时挂在我们的嘴边，这不是仍然视"贝"为宝吗？

（5）一看便知是"雨"字，甲骨文很形象，完全是一幅下雨图。"雨"是最为常见的一种天气现象，因此后来以它为基础造出了许多字。

说到（6），不禁让人想起小时候的夏夜里，听老人们讲鬼的故事。经常是越听越害怕，越害怕却又越想听。直听得黑暗处不敢去，走夜路时也疑神疑鬼。想必你对鬼是不陌生的。如果我要问你见过鬼吗？你肯定会回答没有。是的，我们都没有见过。那么古人见过吗？我们先来看看（6）的字形吧！这就是一个"鬼"字，也是个象形字。在古人的眼里，鬼的身子似乎跟人没有多少差别。甲骨文的这个"鬼"两手交叉在前，不知在搞什么鬼名堂。金文的"鬼"弓着身子，神态古怪。要说与人最不相同的恐怕就是头部了，无眼，无鼻，画个田形就算了事。这跟老人们讲的故事有异曲同工之妙——老人们总要把鬼的可怕长相尽情地夸张一番，生怕你听了不害怕，那么"鬼"字的头部不也正是这样吗？老人们是没有见过鬼的，古人也肯定没有见过鬼。正因为谁都没见过，胡乱画一个与人不同的怪模怪样的嘴脸，不就可以了吗？反正无从查证，谁能说像还是不像？就这样，汉字里便有了个说不清道不明的"鬼"字。

例子很多，不可能一一举出来。这些生动形象的字，我们就称之为象形字。应该说象形字比较生动、直观，容易造，也容易为人们接受、认定。汉字最初造出来的大多是这类字，它们是汉字的基础部分。有了这类字，就可以进一步造出指事字、会意字和形声字。

独体字中的合体字——象形之二

看了这个标题,你一定会有疑问:"既已是独体字,怎么又会是合体字呢?这不是自相矛盾吗?"你的疑问没错,我们的标题也没错,等你看了下文,疑问就会消除了。

许慎在《说文解字》中把汉字分为独体和合体两大类,独体称为"文",合体称为"字"。正是因为这个原因,他才把书名叫作"说文解字"。在四书中,象形、指事是独体字(文),会意、形声是合体字(字)。合体字一般都能拆分成两个以上单独成字的部分(具体见下文会意字、形声字分析),而独体字则不能。上一节所举的象形字就都是独体字,它们的笔画组合在一起构成一个不可分割的整体,描摹出一种事物的粗略轮廓;如果把它们加以拆分的话,则不能离析出单独成字的部分。

甲骨文　　　　金文　　　　其他　　　　小篆

图 三十二

在象形字中还有另一种情况值得注意。如图三十二中的"母"字是两个圆点与另一个象形字组合而成的。那个象形字究竟是什么呢？可能你一下子不容易看出来，我们不妨先看一个略为简单的字形，见图三十三。你大概已经看出：这几个字形都是像一个人双手交叉于前、双膝跪地的样子，应该是一个地位低贱的人的形象。事实的确是这样，当我们的祖先进入农耕社会以后，男子的地位不断提高，直至主宰整个世界。女子则从母系社会的主宰地位一落千丈，最终变成了甲骨文所反映的这种情形。这个双手交叉于前、双膝跪地的形象就是今天的"女"字。

(1)　　(2)　　(3)　　(4)　　(5)

图 三十三

知道了"女"的古文字字形以后，古文字"母"的字形就可以分析了。从小篆以前的字形来看，"母"字都是由"女"字加两个圆点构成的。"女"是个能单独成字的象形字。两个圆点，根据许慎的说法是乳头之形。由此可见，"母"是由一个象形字加上不能单独成字的象形符号构成的。

甲骨文　　金文　　其他　　小篆

图 三十四

接着再看图三十四。这个字你一看便知是"果"字，它由能够单独成字的"木"字和不能单独成字的果实之形组合而成。"果"字与"母"字有着相似的结构特点。

甲骨文　　　　　　　　　　金文

图 三十五

又如图三十五。这个字勾勒的形象很是生动，甲骨文的三个字形与金文的第一个字形基本一致，无论是人的正面还是侧面形象，字形中夸张描摹的是长长的胡须。金文的后两个字形则与后代的楷书"须（鬚）"字较为接近。从原始的字形看，"须"字也是由一个独体字"人"加上不能单独成字的胡须之形等组成的。

上举三例都反映了这样的特点：每个字形都可以离析出一个能单独成字的象形字，剩下的象形符号则不能单独成字。这些字不同于完全不可离析的独体象形，又不同于可以离析成两个以上能够单独成字的合体字，为了把它们加以区分，一般就称之为合体象形字。读到这儿，你也许已经明白，"合体象形字"的"合体"只是一个相对的概念，它与会意、形声的"合体"概念是有质的区别的。

做个拼字成画的游戏——象形之三

象形字虽然不能像图画那样对事物进行工笔细描,但说它们个个生动形象却不是夸张之词。这方面的特点在甲骨文、金文中得到了充分的体现,前文的图例都可作为证据。下面我们选择了跟人有关的一组汉字,你先分析一下,看看它们是今天的哪几个字。

图三十六中的7个汉字,你一定能看出几个:"(1)自然是'耳',(2)肯定是'眉',(3)是'目'也不会错。"不错,的确是这三个字。

前三个字好认,但(4)这个字要说清它,恐怕就得费些口舌了。从甲骨文字形看,一道鼻梁两个鼻孔,活脱脱一个鼻子的形状,这一点明白易见,但这个字是今天哪个字的前身呢?从甲骨文的字形上,我们不容易找到答案。接着看金文,我们发现两个鼻孔

	甲骨文	金文	其他	小篆
(1)				
(2)				
(3)				
(4)				
(5)				
(6)				
(7)				

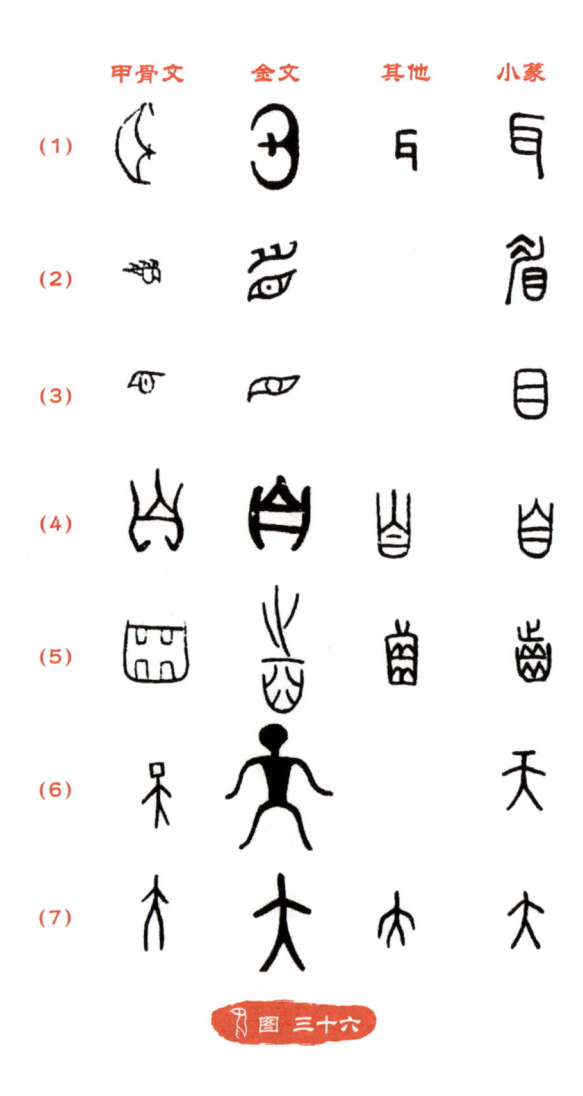

图 三十六

不见了。到了第三个字形，索性将底部连为一画了。至此，这个字的形象性是差了些，但"自"的字形已基本形成。嗬，这个字原来就是"自"字，但为什么它现在不表示鼻子之义了呢？

原来"自"字很早以前就引申表示自己等意思了，这大概是因为人们指自己时总喜欢指在鼻子上的缘故。"自"字既然经常用来表示自我等义，后来人们索性另外造了个"鼻"字来表示鼻子。

（5）很明显是"齿"字。你看甲骨文勾勒得多实在，白生生的大板牙有意露在外面让你看。金文及以下的两个字形比甲骨文多出了一些笔画，这实际上是为了适应汉字形声化的趋势，加了一个声符"止"。"齿"的遭遇也是够不幸的，甲骨文好端端的上下两排牙齿都长在口中；到了第三个字形，上面一排牙齿便硬给搬到口外面去了；到了现在则更进一步，上嘴唇不见了，牙齿也就留下一颗意思意思。不过"齿"字也别伤心，虽然形状已不像了，但人们书写起来可方便多了。

从小篆的字形看，（6）已与现在"天"的写法十分相近，这就是"天"字。说到天，我们首先想到的就是"老天"。其实天的意思十分复杂多样，闲谈可称"聊天"，遇到说不清的问题，"天知道"之类的话便会脱口而出，其他如"今天""天气"等，举不胜举。在古代，天更是被蒙上了一层神秘的色彩：天是主宰一切的神灵，皇帝自称为"天子"。其实那都是用来愚弄百姓的把戏，哪会是真的！时至今日，皇帝早被赶出历史舞台，"天"当然也该还它本来面目。从甲骨文看，上面的方块是虚化了的头部，是这个字要突出的部分；下面分明是一个人的形状。看来"天"最初与人很有关系。这个字突出头部，头部是人的最高点，所以当初造这个字是要表示"顶"这个意思的。顶部当然也是高大的象征，所以"天"在古代的意义也常和"大"相同。

（7）就是"大"字，像一个人叉腿张臂之形。既然是人，为什么常常表示大的意思呢？原来这是一个成年人的形象，是大人而不是小孩，所以就用它来表示高大之义了。

在搞清楚图三十六的7个字形以后，我们就可以根据"天"的形状来做个拼字成画的游戏了，见图三十七。"哇！这是什么人头？怎么这样怪里怪气的？"的确，这幅人头画也许不如你画得生动、逼真，但大致轮廓已经勾勒出来。利用甲骨文和金文能拼出如此形象的图形来，你能说这些文字还不够形象吗？通过这个游戏，我想你一定会对象形字有更深切的感受。

图 三十七

象形加抽象符号的汉字——指事之一

世界上的事物形形色色，各不相同，有生动可感的，也有看不见摸不着的。如果汉字只能表示有形可摹的事物，不能表示无形可感的事物，那么，汉字就不能成为汉字，我们也无法用她来传达复杂的思想情感、描写多彩多姿的大千世界。我们的祖先是采用何种办法造出表示抽象事物的汉字的呢？

看了图三十八，也许你很快就会发现这6个字形体都比较形象生动，如果剔去一些符号的话，就可以得到"大""口""木""川"4个字。假如你已经发现了这个秘密，可真是太好了！

前面已经提到，在象形字的基础上加上一些象形符号，就可以造出合体象形字。图三十八则不同，（1）的构字基础是"大"，大就是一个人的形状。如果不想表示整个人，而要表示人身上某一特定部位，并且这一部位又无形可像，这样的汉字就不太容易造，但古人还是做了尝试。就拿（1）来说，这个字要表示的是人的腋部。腋部很难用象形表示，于是古人就在人的腋下各加一点，指示字义所在。这样，一个新的汉字也就诞生了。你知道这个汉字是什么吗？它就是我们常见到的"亦"字。但是，好不容易造出来的这个字，现在却不再表示"腋"了，而被"也是"这一意义占了位置。

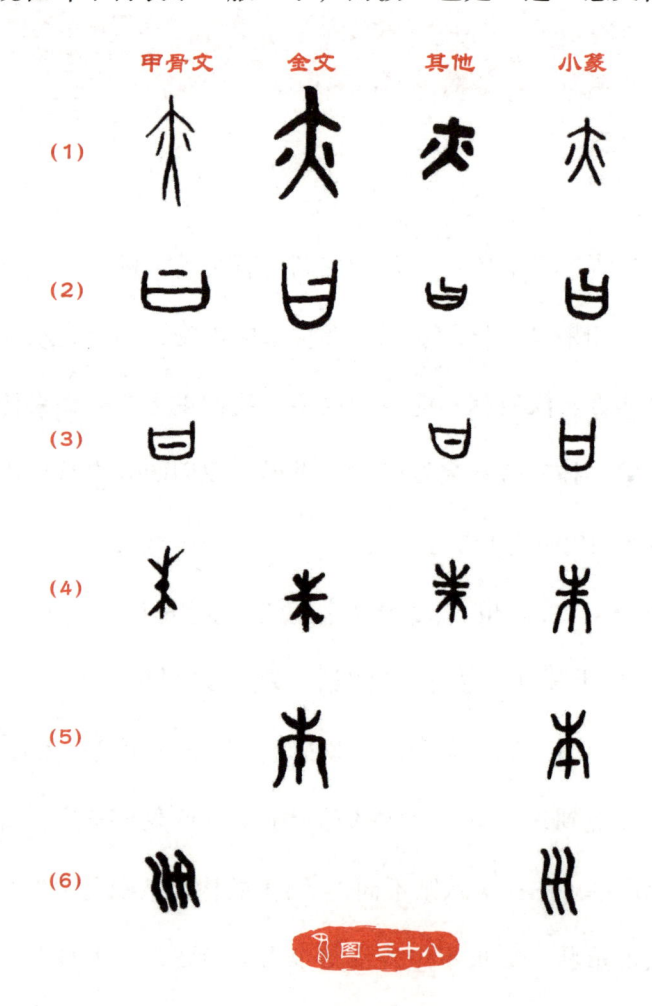

图三十八

没有办法，后来人只能重新造个"腋"字去接替"亦"字。

（2）、（3）基础字都是"口"。不同的是，前者的指示符号在口外，后者的在口内。（2）的指示符号表示从口中发出的言语声音。言语声音当然是要传出口外的，否则人们无法交流。要给言语声音画个形象，大概神仙也不能，所以只能用一短横指示一下了。这个字现在写作什么形状，不知你是否已经猜出。根据字形和字义来看，只能是"曰"了。

说到（3），你可以考虑一下，什么样的东西，人们含在嘴里舍不得吐掉？也许你首先想到的就是糖。对了！只有甜的、味道好的东西，人们才愿意含在嘴里，不愿吐掉。味道甜美的东西可多着呢，是否都画在嘴里？真那样的话，非把嘴巴撑破不可。那可万万使不得，人没有了嘴巴如何生存呢？看来古人也没有少考虑，到底还是给想出办法了。不是东西多吗？省得画了这个，那个不高兴，就用一短横来表示，哪个都不像，哪个都在里面，这就叫"一切尽在不言中"。说到此，这个字现在的写法一定已经映现在你的眼前了吧，没错，就是"甘"字。

（4）、（5）比较简单，基础字都是"木"，不同的只是（4）的指示符号在木杆上，（5）的在木根部，这两个字应该就是"朱"和"本"了。由此，"朱"表示株杆之义，"本"表示树根之义，也就不难理解了。"朱"的最初意义后来由"株"替代，"本"的最初意义从现在的双音词"根本"中还能看出个大概来。"既然有了木根、木株,照理还应该有木梢才对。"这很简单,想一下"本"的反义词吧。不是有"本末倒置"这个成语吗?"末"本来就是用来表示树梢的,也是个指事字。你能写出它的小篆形状吗?我想你一定能。

(6)是在"川"字的基础上添加指事符号而成的。川是什么?当然是河流啦。原本十分通畅的河流突然之间被阻塞了,洪水就要泛滥成灾了。原来川上的一横就是用来指示阻塞的!这个字后来写成"巛",就是"灾"的最初形状。洪水泛滥是不能囊括所有灾害的,于是人们又在原来字形下加了个"火"字。这样就成了"災"字,水灾、火灾都有了,真可谓水火无情。不过人们嫌这个字不方便书写,又重新造了个会意字"灾"。火烧房子你能说不是灾难吗?这个字书写方便,最终就被大家接受了。方便归方便,水灾从此就从字形上消失了。你说是不是有点儿遗憾?

从图三十八的几个字来看,它们都是在象形字的基础上加了一些抽象符号以指示意义所在。这些字的表义重点都落在抽象符号上,与合体象形很不相同,是指事字的重要组成部分。

纯符号构成的汉字——指事之二

上面我们看到的指事字，是在象形字的基础上加一个指事符号构成的，也就是说，每个字当中总有一部分是有形可像的，但如果遇到纯粹抽象的、完全无形可像的概念，那怎么办呢？这可真是难坏了古人，不过，他们还是在这方面做了不少尝试。

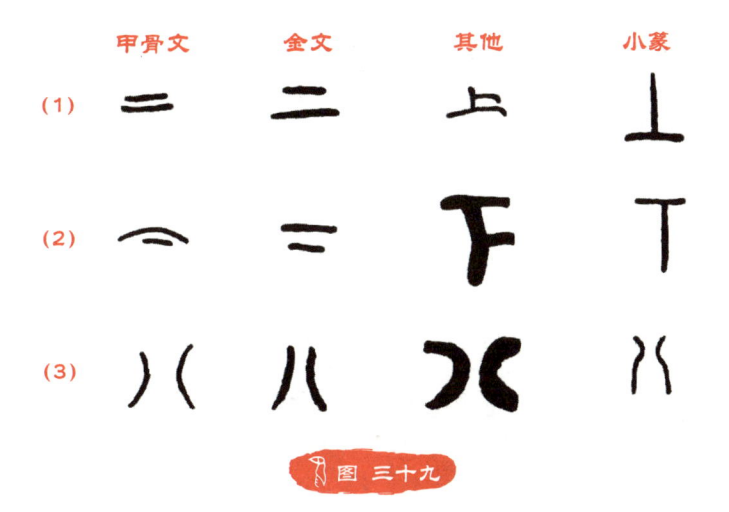

图 三十九

图三十九与图三十八相比，显然要抽象得多。（1）的甲骨文、金文基本上同形，都是画两根道道。下面一根道道表示参照物，上面一根道道指示意义所在。它的意思是说，造这个字就是为了表示参照物上面之义。可是这个形体与汉字数词"二"十分相近，几乎难以辨别。为了不致混淆，人们又在原来的基础上增加了一道竖画，这样就有了第三个字形。小篆则把横画去掉。我们今天取了第三个字形，反正多一画并不增加多少麻烦。（1）就是"上"字，它的字形搞清楚了，（2）的字形也就可以留给你去分析了。

（3）这个字形也十分抽象，用两条相背离的弧线表示分开、分别之义。这个字后来借用为数词8，它的写法你一定已经知道，就是一撇一捺的"八"。"八"的最初意义现在似乎已荡然无存，其实也并非完全如此。江浙一带的人把给人东西说成"八人东西"。这儿的"八"跟"给"意思相同。东西给了人，自然就和自己分开了。你能说这个"八"跟最初的意义没有联系？看来有些字的初义在方言中还有遗存。

不管是在象形字基础上造出的指事字，还是纯符号性的指事字，它们或多或少都含有抽象的指示符号。这种符号或一点或一画，无形可像，理解起来十分困难。由此造出来的字往往较难被大众接受。先天的不足，使得这种造字法产字效率并不很高。所以，汉字中的指事字数量十分有限。

根据原始字形方能知义——会意之一

象形字生动形象,指事字符号抽象。两者虽有显著的差别,但也有共同的特点。最明显的莫过于象形字、指事字都不可以拆成两个各自成字的部分。由于这个特点,人们就把这两类汉字称为独体字。

世界上的事物无穷无尽,假如每个事物都要造一个象形或指事类的字,不仅费时费力,而且不太实际。能不能利用现成的独体字来组合成新字呢?就像我们小时候玩积木一样,积木只有那么几块,但在我们巧妙的拼搭后,就能组合出各种各样美丽的造型来。要是汉字也能根据不同的要求,把相关的汉字拼合到一起,构成一个新字,那岂不是既省时省力,又便于人们理解吗?看来这办法一定管用!事实上也确实如此,有许许多多汉字就是这样造出来的,而

(1)　　　(2)　　　(3)　　　(4)

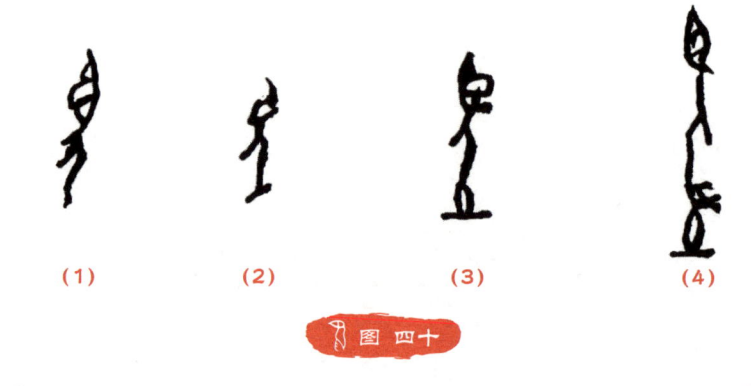

图 四十

且很早很早以前就已经有了。图四十就是一个很有趣的例子。

图四十都是甲骨文，是"望"字早期的不同字形。（1）由"人""臣"两个字组合而成。"臣"像竖起来的眼睛之形，表示举目眺望。登高才能望远，这一简单的道理古人自然也会明白。你看（2）、（3）、（4）三个字形，人的脚下又都垫了块"土"，踮起脚、翘首眺望的形象更加生动。"这个人在望什么呢？"你肯定会有这样的疑问。是思妇望夫，是游子望乡……造字者给我们留下了充分的想象空间。不过就这个字而言，望什么是次要的，关键是通过以上的字形，我们可以清楚地知道这个字表示远眺这个动作。

上图的字形离今字"望"还有一段距离，进一步演变，两者之间的差距就缩短了。请看图四十一。

图 四十一

图四十一都是金文，每个字形都比甲骨文多了一弯钩"月"。"举头望明月，低头思故乡"，此时此刻，也许你首先就会联想起李白的著名诗句来。好一幅"举头望明月"图！增加了一个"月"，这个字平添了许多诗意。月亮这个神秘而美丽的天体，古往今来一直是美好事物的象征：思乡时，她就是故乡的象征；思夫时，她就是丈夫的象征；思亲时，她又是父母的象征。可是，月亮总是离我们那么遥远，尽管嫦娥可以奔月，但对于世上的凡夫俗子来说，月亮实在是可"望"而不可即的。增加了一个"月"旁，"望"表示远眺之义更为生动明白。

不管有"月"无"月"，这个字的甲骨文、金文在企足远望这一点上是完全相同的。这是它的本来意义，也是它的常用义。根据金文，这个字的楷书字形理当写作"朢"，但后来为了适应汉字形声化的趋势，字形就被改造为"望"了：原来的眼睛"臣"被挖去，安上了一个声符"亡"。字的形象受到了损害，但却可以一下知道它的读音，两者可谓各有千秋。

事实证明，这种造字方法果然十分灵便，许多复杂的概念原来不好表示，有了这种造字法以后，问题就简单多了。不信你就看图四十二吧。

图四十二都是甲骨文的"射"字，每个字的形体虽略有不同，但都是一支箭搭在弓上，正所谓"箭在弦上不得不发"。在古代，

战争离不开弓箭，获取猎物更是离不开弓箭。弓箭在当时人的生活中占有十分重要的地位，所以一般的男子汉要是不会射箭是很丢脸的。于是就有了百步穿杨的神箭手，有了后羿射日的美妙传说。射箭是当时的普通竞技项目，甚至连那些谦谦君子也以射为戏。《论语》中记载了孔子的话，大意是说：君子没有什么可争的事情。如果有所争的话，那一定是比射箭吧！彼此之间相互作揖，然后登堂，射完箭，走下堂来，就可作揖喝酒了。这种比射箭的气氛恐怕连今天的奥运会也该自愧不如吧！

图 四十二

箭是要人射的，甲骨文没有很好地反映出来，金文则弥补了这一缺憾。

(1)　　(2)　　(3)　　(4)

图 四十三

图四十三的（1）基本上与甲骨文同形，（2）、（3）、（4）则一律加了一只手"又"，尤其是（2）、（3），"又"与箭连在

一起。我们分明可以感觉到一只有力的大手正在用力张弓搭箭,也可以听到飞矢射出的"嗖"的一声。这些字形真可谓直观生动,但是从现代"射"的字形上,我们再也无法感受这种生动性了,因为它是一个被"扭曲"了的字形。"寸"与"又"在古文字中常常通用,这还好说;"身"与弓箭就风马牛不相及了。弓箭被写成"身",是由于古文字两者的形体有些相似而造成的错误。错归错,大家都认同了,也就只得如此了。语言文字中,这种积非成是的情况时常发生,不过我们却不能不知其所以然。

上举两字有一个共同的特点:从它们的今文字字形上,我们无法一下子看出它们的字义,只有观察古文字字形结构,才能对它们的字义了然于胸。分析这部分会意字,探究它们的古文字字形,就显得尤为重要。当然也有些会意字,不必考虑构成这些字的部件的位置,不必深究古文字字形,就能察知字义。例如"尘",由"小""土"二字构成,"小土"即是"尘"字之义。又如"雀""甦""歪"等,都是如此。

从字形看古代风俗——会意之二

由于缺少可靠的记载，我们今天对远古社会的情况了解得很少，这是无可奈何的事。但我们是不是完全没有办法了呢？回答当然不是。我们可以通过考古发掘出土的文物来考察当时社会的情况。另外，会意结构的汉字也可以告诉我们许多当时社会的风俗，有的甚至可以串联起某一方面的社会风俗史。你也许会感到奇怪，可这是事实，不信你往下看。

甲骨文

金文

图 四十四

图四十四都是"取"字，不知你是否看出点儿什么道道儿来没有？告诉你吧，这8个字形中，虽然写法略有不同，但有7个都是耳朵在左面，"又"（手）在右面。这种写法是不是偶然或巧合呢？才不是呢！它是当时社会风俗的一种真实写照。倒是那个耳朵写在右面的字形，恐怕是古人书写时偶尔疏忽所致。原来呀，古代两军开仗，战后论功行赏，衡量的标准是你杀死了多少敌人。杀死了多少敌人，用什么来计算呢？这就看你能割到多少只敌人的左耳朵了。割到一只左耳朵，就代表你杀死了一个敌人。这样，一仗下来，谁割到的耳朵多，谁当然就是最勇敢、最有功劳的人了。反映春秋时代史事的古籍《左传》中就叙述了一次战斗：郑国的公子归生带兵攻打宋国，宋国军队被打得大败。书中记载说：归生指挥的这次战斗，共俘虏了250人，并割到了100个敌人的左耳朵。这些都成了他可资炫耀的战功。类似的记载屡见于古籍，都可以跟"取"这个字形相互印证。

"取"就是割取左耳朵，获得左耳朵就意味着能论功行赏，加官晋爵。看来割取左耳好处很多，以至于只要是有好处的事就都往"取"字上归，搞得"取"字忙得不亦乐乎，再也无暇顾及表示割取左耳朵了。没法子，另造个"聝（guó）"字来表示吧！于是"聝"又神气起来了，在许多古代文献中都出现了它的身影。不过好景不长，后来人们记功不再以耳朵计算了，代之以首级。秦代就规定，斩敌一首，拜爵一级。后代所称的"首级"一词即由此而来。当然，斩的是谁的首级，论功时是很不一样的。项羽是秦末汉初一位赫赫有名的人物。垓（gāi）下之围，楚军战至最后5人，项羽仍然豪气冲天，汉军无人敢与之匹敌，最后，项羽在自知回天无力的情况下，割脖自杀。项羽死后，首级仍然十分值钱，汉军谁都想得到它。为此他们你争我夺，自相残杀。在死了几十个人之后，首级终于被一个叫王翳（yì）的人获得。这下他可发了，事后被封为杜衍县侯。你说这个首级多有用，哪里只拜爵一级呢？

论功时首级替代了耳朵，最终连带"聝"字也遭了殃，硬是用"首"替下了"耳"，变成了怪模怪样的"馘"。字形虽然变了，但字义却仍是割取左耳朵，你说这有多别扭。更可气的是，好事者把古籍中的"聝"字几乎全部改成从"首"的那个字，以至于今人很少能有机会获睹它的真面目了。好在今天我们可以对此不在乎了，不管是割左耳朵还是割首级，都是不人道的，应该让它们成为历史，我们现在只获取"取"的表义，便也就足够了。

割耳朵之类的残酷做法已成历史陈迹，但有的历史风俗在民间恐怕还偶有所闻。比如抢亲这种风俗习惯，是近现代才绝迹的。所谓"抢亲"，说白了就是抢个老婆。不过这种抢并不是动真格的，通常是男方与女方早已订立婚约。成亲那天，有了女方的默许，新郎就在亲朋好友的帮助下，乘人不备，假装用暴力将新娘子抢走。

这种风俗包含的内容恐怕较为复杂：女子就要出嫁了，意味着今后将要离开父母，另组家庭独立生活，父母当然会有难以割舍的感情；新郎娶妻，新娘在新郎眼里自然是世上最美丽的，这么美丽的新娘是可以轻易得到的吗？父母舍不得，新娘不易得，怎么办呢？亲总是要成的，于是就只能假演一番抢亲的把戏了。

"妻子也是可以抢的吗？哈哈哈！"你可能要笑出眼泪了。在当今的文明社会中，这样的事情简直难以想象。男女结为夫妻，是自由恋爱进而爱情升华的自然结果。任何男子都不能把自己的意志强加给女子，更不能强迫某个女子与自己结婚，至于抢亲，那更是违法乱纪的事情。但是，在远古时代，就大不相同了，老婆是可以抢得的。不信，你就看下面这个汉字吧。

(1)　　(2)　　(3)　　(4)　　(5)

图 四十五

图四十五都是"妻"字，它们的主体部分是个"女"字，不同的是这个女子头上多画了些头发，（5）还加画了代表簪子的一横。结婚娶妻不能没有女子，而即将成为人妻的女子自然也要梳妆打扮一番。这个已经打扮好的待嫁女子，并没有坐上花轿，等待她的是

一旁急不可待的手。这只手很显然是要去抓女子的头发。揪住女子的头发，拖回家做自己的妻子，正是这个字所要表示的意思。原来妻子是抢来的！奇怪吗？人类在由群婚制向对偶式婚姻发展的过程中，发生这种现象是不足为怪的。图中的"妻"字恐怕就是远古抢婚风俗的"遗迹"。

如果说甲骨文"妻"字中的那只手表示抢还比较含蓄的话，金文和小篆就大不一样了。

图 四十六

图四十六的两个形体中，手已经干脆一把抓住头发了，态度似乎更为蛮横、粗鲁。当然，你不能认为历史开了倒车，后来人不如前人文明。那才不会呢！历史总是向前进的，野蛮总会被文明所替代。后来的"妻"字，虽然形体上"抢"的意味更浓，但这一变化主要是为了便于书写，使字形更加整齐美观，绝对不是鼓励人们去抢个妻子。

"为"字的启示——会意之三

上文我们说到会意结构的汉字可以反映古代的社会风俗，也可以体现人与人之间的关系。更奇妙的是，会意字还可以反映人与动物的关系呢。下面这个字就是很好的例子。

图 四十七

图四十七两字的形体大致相仿，前者是石鼓文，后者是小篆，它们都是今天的"为"字。这个字形到底要表示什么意思呢？东汉的许慎根据小篆一本正经地告诉我们，这是一只母猴子的象形。他分析认为，作为动物，猴子特别擅长用爪子，所以字的上部用了一个"爪"字；字的下部就是母猴之形了。许慎说得十分自信，以至

于甲骨文发现之前，没有人怀疑他的判断。但看到了甲骨文之后，人们发现完全不是这么回事。不信你看甲骨文的"为"字：

图 四十八

"图四十八这个字由上面的'又'（表示手）和下面的一头动物组成。"看来你也学会分析字形了。这头动物到底是什么呢？恐怕你一时还难以辨认。其实你只要对这头动物略加观察，就会发现它的鼻子特别长。长鼻子是这头动物最具特征性的标志，你一定知道了："这肯定是一头大象。"要是你觉得这个字中长鼻子的特征还不够明显的话，甲骨文、金文的"象"字就大不相同了。

图 四十九

图四十九前面三个是甲骨文，象鼻子都够长的。你看最后一个金文，好家伙，画了一头大象！由此可知，甲骨文"为"字就是一只手牵着大象鼻子的形状，与母猴根本没有什么关系，许慎完完

全说错了。不过我们不能因此苛求古人，毕竟许慎从来没有见到过甲骨文。

"手牵大象鼻子做什么呢？"这是个很自然的问题。其实稍微想一下，答案也就出来了。人类进入农耕时代以后，劳动相当繁重，人们不堪其重，总想找个帮手来替人承担繁重的体力劳动。大象个子大，力气也大。要是它能成为人类的帮手，帮助耕田、驮运庄稼什么的，那该多好！从甲骨文"为"字看，大象当时已经成了人类的好帮手、好朋友。"为"表示的就是让大象"为人民服务"的意思。古书上说"舜葬苍梧，象为之耕"，又说"禹葬会（kuài）稽下，有群象耕田"，很久以来，一直有人对这些传说抱怀疑态度，认为都是虚妄之词，原因就是他们没有见到"为"的甲骨文字形，而后来"为"字中的"象"又变得越来越不像"象"了。比如金文里的"为"变化就不小。

(1) (2) (3) (4) (5)

图五十

图五十的（1）、（2）两个字形，虽然鼻子短了些，但还有一短竖意思一下；（3）鼻子部分虽然很突出，但长鼻子已不见影踪，

身体部分更是无形可像；（4）、（5）虽然画了长鼻子，但变形过甚，尤其是（5），大象首身分离，很难再看出大象的形状来。即便如此，这些字形比起战国时候的"为"字还算是很有形象性的。你瞧古怪的战国字形：

图五十一

这些字形里，大象的身躯不见了，剩下的鼻子也让人感到莫名其妙，不知何示。好在小篆承继的是图五十中（4）的字形，要是承继了图五十一的字形，不知许慎又该作何分析了。看了这类字形，古人自然不会体会到大象"为人民服务"的事实。因此也不会轻易相信"象耕田"之类的传说。

其实大象"为人民服务"不仅仅在耕田这一方面，古人还让它们来冲锋陷阵。试想在大刀长矛做武器的年代，有大象在前面开路冲锋，那不比今天的坦克还要厉害！史书中记载，西汉末年的王莽就曾让手下驱赶虎豹犀象之类的猛兽，与东汉开国皇帝刘秀交战。史书中说："又驱诸猛兽虎豹犀象之属，以助威武。自秦、汉出师之盛，未尝有也。"你看王莽的军队有多威武！自从秦代、西汉以来从未有过。但是王莽的统治违背民心，虽有如此威武的军队，还是被打得一败涂地。

这个不同寻常的"为"字告诉我们，早在几千年前，汉族先民就已驯养大象从事农作了。除此之外，这个"为"字还能给我们透露一些特别的信息：在几千年以前，甚至到了公元100年左右，我国的中原地带还有群象生存。时至今日，我国只有云南一带才有少量大象生存，中原地带乃至江浙一带，大象踪影早已荡然无存。这固然有气候的原因，而人类对原始森林大范围的破坏，不能说不是个重要的原因，人类不能孤零零地生活在没有动物的地球上。为了将来，为了人类更美好的生活，我们应该学会保护环境，学会与动物友好相处。你说这个"为"字能不能给我们一点儿启示呢？

　　有趣的例子还有很多，不可能一一列举。看来，利用现成的汉字组合出新的汉字的确是一种不可多得的好办法。这样的汉字字形生动，字义显著，便于人们识认理解，因此这种造字法常被使用。

谨防识字读半边——形声

从前有一个认了些字、读了些书的秀才，自以为满腹经纶，无人匹敌。在他眼里没有什么汉字不认识，即使是不知其义的字，他也能立即读出它的音来。这个人的学问真是了得！名声大了，就有人向他求教了。"你是如何认识这么多字的呢？"求教者问道。秀才说："简单极了。常用的字谁都认识，这不成问题。难认的字无非就是这些字拼拼合合，其中总有一个是表示读音的，而且总在字的右面或上面，你把它读出来不就得了。"瞧，他说得多简单，多自信！求教的人比较"愚笨"，想要验证一下秀才的方法，于是问道："那'驰骋'应该怎么读呢？"秀才就教导他了："'驰'是'马'和'也'的组合，'也'是表音的，这个字应当读'yě'；'骋'也可以类推，'甹'读'pìn'，那么'骋'也读'pìn'。懂了吗？"那种一本正经的样子，似乎不由你不信。

"哈哈哈！这是什么方法？简直是胡扯！"这不，你要笑弯腰了。

其实，这个秀才是我杜撰出来的。但是，古往今来，这类念白字的秀才确实还不少。所谓"秀才认字读半边"就是人们常用来讽刺那些白字先生的俗语。如果你稍微留心一点儿的话，你会发现在你的周围也有这类白字先生，比如将"驰骋"读成"yě pìn"，"联袂"读成"lián jué"的。看来要消灭白字先生，还有一段很艰难的路要走，你也要努力呀！

白字先生之所以成为白字先生，问题的关键就在于他们对汉字的结构一知半解。汉字的合体字很多，这是事实。许多这类汉字含有表音成分也是事实，但并不是每个合体字都有表示读音的成分，前一节所讲的会意字就是明证。即使合体字中含有表示读音的成分，也不一定总在字的右面或上面。要搞清这个问题，看来我们非得了解汉字的另外一种结构形式——形声。

形声是汉字的一种十分重要的结构形式。根据统计，许慎《说文解字》所收的9000多个汉字中，形声字就占了80%左右，那时才是汉代，距离今天有1900年之遥。现在形声字就更多了，占了常用字的90%。你看，形声造字法是如此地得到人们的垂青！形声字能在汉字总数中占有如此举足轻重的地位，当然不会是没有原因的。还是让我们来对形声字做一番考察吧！

形声，顾名思义就是指由表意的形符和表音的声符组合成一个新字的造字方法。运用这种造字法，可以使我们既能从字形上了解这个字的大概意思，又能一下子读出这个字的声音来。比如"模"，"木"就是形符，表示这个字的意思与树木、木材之类的意思有关。"莫"是声符，表示这个字的读音是"mo"。"模"的本来意思是木质的模具。运用形声造字法，"模"的读音我们一看就知道了，字义也确实与木材有关。这种造字法多简单实用！当然，值得注意的是，形声字的形符一般只表示字的意义类属，与字的具体意义仍有一段距离。例如"模""栋"两字从大范围来说，字义都与木材有关，是相同的；但从具体字义来说，两者又是很不一样的，"模"是模具，"栋"是房屋的正梁。所以，我们在识认形声字时，千万不能把形符看作是字的具体字义。

"形声字原来就这么简单，今后我识认字容易多了。"你的麻痹思想抬头了，可得警惕！

白字先生往往也是由于麻痹思想占上风而成为白字先生的。要知道形声造字法只有一种，但形符和声符在一个字中怎么摆布，却是多种多样的。它们经常会跟你捉迷藏。例如"功""切""鸠"三个字，它们的声符应该是"工""七""九"，与"模""栋"不同，声符跑到字的左面去了。要是你还拘泥于声符在右面的话，就要成白字先生了。又如"草""零""崇"三个字的声符在字的下面，"裳""盒""堡"三个字的声符则一个跟头翻到字的上面。再如"阔""衷""园"三个字的声符在哪儿？嗬！狡猾的"活""中""元"躲到字中间去了。"闻""辨""闽"三个字呢？"门""辡"有意暴露在外面捉弄你。

你看到了吧，这些调皮的声符有多淘气，东躲西藏的，难怪白字先生要屡屡上当。事情远非如此简单，还有更狡猾的声符呢！你瞧"疆"字，这也是个形声字，可它的形符在哪儿？声符又在哪儿呢？原来它的声符是"畺"，形符"土"变成个小宝宝躲在"弓"的脚弯里了。再看"旗"字，拿到这个字，按照白字先生的理论，他自己恐怕也要犯难了："这个字的结构怎么分呢？分成左右结构，左面是个'方'，好说；可右面是个什么字呢？如果再划分，下面是个'其'字，似乎就是此字的读音，可上面是个什么字呢？真不好办！"你看白字先生遇到大麻烦了。其实问题还是出在他对汉字结构的一知半解上面。你看图五十二的这个字形吧。

甲骨文　　　　　金文　　　　　小篆

图 五十二

这个字的甲骨文、金文都还是连为一体的象形字，像一面大旗迎风飘扬的样子。到了小篆，字形发生了变化，旗面与旗杆分家了，这样就有了"㫃（yǎn）"字。这个字现在不见了，但作为形符还是常见的，只是形体略有变化。这一变不要紧，大多数人却不识它的庐山真面目了。白字先生当然无法了解这些，可是现在的你却不同。你对此已经了然于胸，能够再举两例以"㫃"做形符的形声字吗？对了，"旂""旌"就是这类形声字。

白字先生不知道"㫃"的来历，不出问题才怪呢！这恐怕还不是白字先生最头痛的字，如果要他说说"徒"字的结构，那肯定更要笑话百出了。按照他的理论，这个字自然要读"走"的音了，而事实上这个字的音与"走"风马牛不相及，这一点你再清楚不过了。"徒"是个形声字，但声符不是"走"而是"土"。从现在的字形看，"徒"的右面与"走"完全相同，而在早期，它们的形体却大不相同。

图 五十三

图五十三中，（1）是"走"，（2）是"徒"。从古文字形体可以看出，"走"是一个十分生动的会意字。上面是一个前后挥动着手的人的形象，你看这个人像在干什么？"这不是在奔跑吗？"对了，这正是一个人跑步的形象，下方一个"止"表示脚不停地在移动。"走"就是跑，此义在成语"走马观花"中还保留着。再来看"徒"，正规的字形当是小篆，形符是"辵（chuò）"，声符是"土"，结构清清楚楚。但是这样写左面似乎显得过于拥挤，为了布局的匀称，人们就把"止"搬到了"土"下。从金文、春秋文字来看，这种写法在小篆之前就已形成。在这个基础上再楷书化，就变成今天"徒"的字形了。要是没有一点儿汉字常识，哪能弄清这个字的结构？即便能够认识，也只是人云亦云罢了。

上面所说的字，只要找到声符，大都就能依据声符读出这个字的音来，现在还有很多很多形声字，即使你找到了声符，也还不能读出它们的音来。像前面举到的"驰骋"就属这类，"也""粤"都是声符，但它们的读音很显然与字音不同。要是根据这些声符去读字音，那肯定又是白字先生了。为什么会如此呢？这要涉及古今语音发展变化的问题了，情况较为复杂，只能留待你今后去另求答案了。

了解了形声这种结构，可以为我们识认汉字提供许多方便。比如我们知道了"氐"的读音是"dī"，那么形声字"底、诋、坻、柢、抵、骶、牴、邸"的字音也就都可以推知了。又如要是知道了"提"是形声字，那么我们很快就会联想到"题、堤"也是形声字。虽然声符"是"与字音已大不相同，但这并不妨碍我们辨认形声字。不仅如此，懂得形声结构，还可以帮助有些方言区的人学习普通话。如果你是江浙一带的人，那么你常常会"zh、ch、sh"与"z、c、s"不分。懂得汉字的形声结构，就可以帮助你克服这方面的一些困难。比如你只要记住"占"的读音是"zhān"或"zhàn"，那么形声字"沾、粘、毡"和"站、战"等，不用说，它们都应该读为翘舌音。同样记住"垂""申"的读音是"chuí"和"shēn"，那么"棰、搖、箠、锤、陲"和"珅、砷、伸、绅"等字也都读作翘舌音。你看四两拨千斤，多么方便！但是，同时也得提醒你，这种方法千万不能用过头，要不你又要变成"秀才认字读半边"了。

分析字形结构忌机械

你见过铸造流程没有？工人们首先制作一个模子或沙型，然后将熔化的金属水注入，待冷却后去掉模子或沙型，铸造的机件就成功了。原理简单极了！要什么样的机件，只要做出模子或沙型就行了。汉字是不是也像铸造流程一样呢？先设计好象形、指事、会意、形声这四个"模子"，然后"填料"，再后"脱模"，最后获取"机件"——汉字。事实告诉我们，汉字的"制造"并不像我们想象的那么简单。

汉字的创造过程也许与铸造流程正好相反。如果做个不十分恰当的比喻，那就是：铸造先有模子，后有机件；创造汉字则先有"机件"，后有"模子"。你也许有些迷惘了："前面四种造字法不是说得明明白白了吗？怎么会后有模子？"你先别急，答案自然会有的。

　　造字之初，我们的先民思维能力还很低，不会有多少严密的逻辑思维。在这种情况下，要他们制定出一套严密的造字之法简直难以想象。他们开始创造汉字大多是依据直观感觉，也就是说对有形可像的事物特别敏感。因此，刚开始造出来的汉字大都是象形字。随着人类思维能力的不断发展提高，造字的方法也不断丰富多样。这一过程是漫长的，不会是一夜之间的突变。更值得注意的是，造字法不断丰富的过程不是自觉的过程。也就是说，一种造字法的产生，并不是我们先民有意识地运用的结果，而是在无意识的情况下，恰巧使用了这种造字法。因此，在早期的文献中，我们的先民没有给今人留下有关汉字造字法的记述。直到汉代，才有许慎等学者对汉字的结构进行了深入的探讨，在分析了大量汉字结构的基础上，归纳出汉字的四种造字法。所以，我们现在所说的造字法是隐含在千千万万个汉字中，由后人归纳出来的，而不是我们的先民在造字之前就已制定好的。

　　既然我们的先民并没有预先制作造字的"模子"，那么他们造出来的"机件"就很有可能多种多样，不拘一格。象形、指事、会意、形声四种格式能够框住大部分汉字，但不能解释所有的汉字结构。图五十四就是这样的例子。

　　图五十四都是甲骨文，（1）不是在高台上建起的一座房子吗？

从字形上看的确如此。按理说，这个字应当表示房屋之类的意思，但实际上不是这样，（1）表示的是"高"这个抽象概念，意思与房屋无关。这一类汉字往往形体是象形，但意在形外。说它们是象形字吧，字形与表示的意思不符；说它们是指事字吧，字形分明又是象形。看来它们只能在四种结构之外游荡了。（2）是"禽"字的最初字形，像一副网具之形，但表示的意思却是擒获。（3）像一个倒人之形，表示的意思却是颠倒而不是人。它们都跟（1）一样，意在形外。

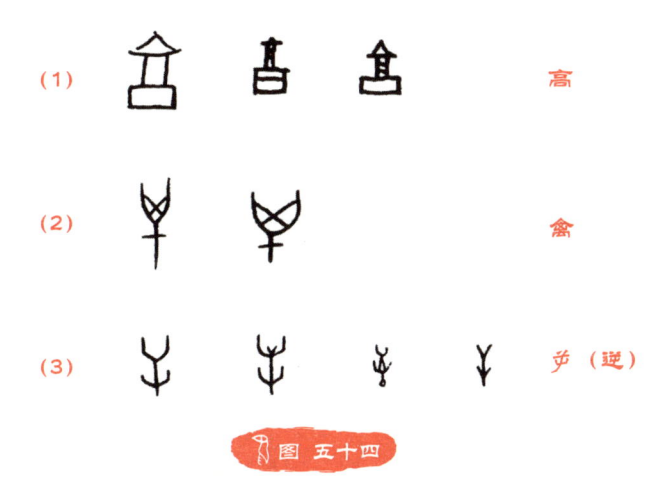

(1) 高

(2) 禽

(3) 屰（逆）

图 五十四

除了上面的情况，最初汉字的写法比较随便，同一个字不同的写法，也可能改变原来的结构形式。随着形声字的产生，人们普遍感到这是一种十分便于识认汉字的造字方法，于是在一些原来属于其他结构类的字上面加上一个声符、形符或将原来的象形符号改造成声符等，这样有些字在不同的历史时期，它们的结构形式就可能各不相同。例如：

(1)　　　　　　　　　　　　　　　　　血

(2)　　　　　　　　　　　　　　　　　受

(3)　　　　　　　　　　　　　　　　　监

图 五十五

　　图五十五的（1）是"血"的三个甲骨文字形，前两个字形相同，都是器皿中有血滴之形，可以算作是象形字，但第三个字形不同了，器皿中的血用一小竖来表示，这显然已不是象形符号，那么这个字形就只能算是指事字。一个字可以归入两种造字结构。（2）是传递和接受东西的会意字。前两个是甲骨文字形，中间的是托盘一类的东西。但到了金文中就不一样了。后两个金文字形中，传递的东西变成了标准的"舟"字，于是"舟"也就变成了声符。"受"在早期是个会意字，后来就是形声字了。（3）中第一个是甲骨文，后面三个是金文。这个人蹲在器皿旁看什么呢？第二个字形告诉我们了，他是在看自己的面孔。金文的几个字形虽略有不同，但基本形象仍清晰可见。古人没有我们今天的条件好，梳妆打扮可以对着镜子，他们要看看自己的面相是否整洁，只能端来一盆水，

从水中端详自己。那么这个"监"字最初的意思就是镜子了。水镜毕竟太原始了，随着铸造技术的不断发展，人们逐步拥有了铜镜。端详自己不再需要盆子了，加上"监"表示的意思已很多，这样就在"监"的旁边加了个形符"金"，造出了"鑑"字，"鑑"字也可以写成"鋻"。如此，就有了会意字"监"，形声字"鉴""鑑"。虽然今天"监""鉴"已是两个不同的字，但事实上源头在"监"，后出的两个字形都是依据它改造而成。在"象形之三"一节中介绍到的"齿"字，也是这一类的典型例子。与"监"不同的是，"齿"的原始字形没有继续使用。

在汉字流传的过程中，有的难免会被改造，有的是为了书写的方便，有的是为了结构的匀称，而这样做的结果，往往使得有些汉字不能再用四种结构形式去分析。图五十六就是这方面的例子。

(1) (2) (3) (4) (5)

图 五十六

图五十六的（1）、（2）形象十分生动，你也许会很自然地联想到小时候趴在爸爸妈妈背上的那份舒服和温馨。这是一个会意

字，但字如果要这么写，尤其是（2），就会十分不方便。因此，金文（3）的字形已开始发生变化，向后环绕的手臂与人体断开了，只剩下一小撇表示。这种字形其实在甲骨文里就已出现。如此一变，字形结构就难以归类了。到了战国时候，这个字又可以写作（4）的形体了。一只手托着孩子多危险，不如两只手来得保险，于是又在"子"的左面加了一小撇。这样孩子是安全了，字也匀称了，但字形结构却更加无法归类了。这样的汉字在今天使用的楷书字形中已占了很大的一部分。因此，我们分析汉字的结构大多是从古汉字入手的。

  汉字的结构多种多样，有符合结构规律的，也有例外的。不管它们的形式有多少种，我们只要能理解字形演变的来龙去脉，达到方便认识汉字、理解字义的目的，也就足够了。

懂点儿汉字知识有好处

六书理论来自教育实践，当然对我们的学习会有帮助，这一点在前面的介绍中已经得到了多方面的体现，只是我们没有特别提出来讲而已。下面，我们就结合具体例子单独谈谈这个问题。

在日常生活中，有些话我们早已习以为常，但想不到却是错误的。譬如有个人姓"章"，当别人问是哪个"zhāng"时，他会立即回答"立早章"。"立早章"这种说法，你一定不会陌生，但你恐怕从来也没有想过：把"章"拆分为"立"和"早"以后，这个字的字形结构该如何解释？其实这个字是由"音"和"十"两部分构成的，本来是说一段音乐结束了就称为一章，后来意思引申开了，一段文章也可称为"章"。"立早章"的说法破坏了这个字的结构形式，没有科学性可言，我们应当避免这样的错误。可见，懂点儿汉字知识，能让我们少讲外行话。

有些汉字形体十分接近，稍不留神就会写错。如"戍"和"戌"就是常常相混的两个字。其实这两个字的古文字字形很不相同，分属两种结构形式。请看下图：

甲骨文　　金文　　小篆　　戌

　　　　　　　　　　　　　戍

图 五十七

由古文字字形可以看出，"戌"原来是个象形字，像武器大斧之形。"戍"则是个会意字，像人荷戈之形。看了古文字字形，我想我们再也不会把这两个字相混了。懂点儿汉字知识，能帮助我们分辨形体相近的字。

有的字经常会被写错，而写字者却从来不知道自己写了错字。最典型的例子恐怕就是"肺"字了，我们常可见到有人把这个字写成"肺"。"肺"字从"朮（bèi）"的声，是个形声字。它的声符绝不会是"市"，要不就读不出"fèi"这个音来了。"朮"和"市"的古文字字形也很不相同。从图五十八可以看出，"朮"和"市"是两个形体很不相同的字，变成楷书以后，我们当然也应该把它们区分开来。以此类推，大书法家米芾我们也不能写成米芾。不知你以前写得对不对，要是写错了，今后可得留点儿神，不要再犯类似的错误。看来懂点儿汉字知识，还可以防止我们写错字呢！

汉字中有些字笔画繁复，很难记住；更有些不常用的字，意思也不容易一下子看清。但如果你懂点儿汉字知识的话，有时问题就比较好解决了。例如"爨（cuàn）"字，它的笔画烦琐得简直无以复加，字义当然连想也不敢去想了。其实你根本不用被它的"虚张声势"吓怕，只要你把它的字形解剖分析一下，非但你一下子就能记住这个字的写法，而且字义也一目了然。先看这个字的古文字字形（图五十九）。

一般说来，大篆的字形比小篆的繁复，但这个字较为特别，小篆的字

金文　　小篆

图 五十八

大篆　　小篆

图 五十九

形更烦琐些，楷书的字形就是从小篆演化来的。字形虽有繁简的不同，但字形结构都是相同的，要表示的意思也没有什么差别。我们来看小篆字形，上部是两手把炊器安放在灶台上，中间是个"林"字，也就是燃料，再下面又是两只手，正在将火送进炉灶，这是个会意字，意思清清楚楚，是在生火做饭。经过这么一分析，你还觉得这个字难以记忆吗？我想肯定不会的。

懂得汉字知识以后的好处还多着呢，剩下的就让你今后自己去体会吧！这儿不再详谈。

书法是世界艺术中的瑰宝

当我们刚刚跨进学校大门之时，首先面临的是识认、学写汉字。每个人都曾做过努力，希望能把字写好。汉字是我们的交际工具，每个人写出来的字自然要让别人看清读懂。不仅如此，人们还常常力求把字写得更俊秀些，使别人在读懂你的文句之时，还能得到美的享受。俗话说"爱美之心人皆有之"，在写字方面也是如此。汉字的形体多姿多彩，汉字的书体也历经多变；毛笔作为汉民族人们的书写工具，至少已有5000多年。这些有利的条件，为我们的祖先追求汉字的书写美，提供了坚实的基础。在先民们的不懈努力下，终于形成了讲究笔法、笔势、笔意的汉民族所特有的书法艺术。书法家们运用各种书写的技法，以独特的形式表达内心的情感世界，创造出美的意境，给人以美的享受，使人的身心得到陶冶。

陶片

骨片

图六十

我国的书法艺术源远流长，从目前所能见到的实物资料来看，书法艺术的起源当上溯至殷商时期。虽然我们今天所见到的早期实物上的汉字，大多是用刀刻就的，但还是能见到用毛笔写上汉字的少量实物，例如图六十。

从这两件陶片和骨片来看，书写人已掌握了一定的笔法，下笔、行笔和收笔过程中已能把握提按、轻重和快慢的节奏，并且懂得利用毛笔的弹性和柔性，使字的线条表现出利钝、方圆、刚柔、粗细的特点。这类实物虽然很少，但它们却可以让我们在3000多年后的今天，得以窥见当时的笔墨真迹。

随着社会的发展，汉字书法艺术也日趋成熟。数千年来，这一独特的艺术形式哺育、造就了无数的书法艺术家，而这些艺术家又毕其精力，倾其所有，给这一古老的艺术不断注入新的活力，使其代代相传，面目常新。商周春秋战国秦汉之时的金文、战国文字、篆文、隶书以及章草，各具特色，前面已有叙述。三国两晋以后，汉字书法艺术更是突飞猛进，大放光彩，书法艺术家人才辈出，书法形式也日趋多姿多彩。

三国魏的钟繇在书法的继承和革新方面贡献卓著，为书法史上的第一位楷书书法家。晋代的王羲之、王献之父子都是著名的书法大家，王羲之的行书被称为"天下第一行书"。王献之则在章草、今草、楷书、行书诸方面均有较高造诣，名声仅次于其父。南北朝时期社会动荡不安，是民间书法家大放异彩之时。现在所见的大量北魏碑志是这个时代书法风格的最好体现，因其风格独具，后世称之为"魏碑体"。

时至隋唐，书法艺术有了更加长足的发展。欧阳询、虞世南、褚遂良、薛稷人称"初唐四大家"。欧阳询的《九成宫醴泉铭》是楷书定型前期的里程碑。虞世南曾师从王羲之的九世孙智永禅师，深得王氏书法真传，他的书法外柔内刚，气色秀润，有"君子藏器"的气质。褚遂良以隶笔作楷，《雁塔圣教序》是他的传世名帖。薛稷的书法技艺出神入化，尤其精通隶书、行书。之后，颜真卿、柳公权的楷书更趋成熟，蔚为大家。颜体刚劲雄浑、大气磅礴。《颜勤礼碑》是颜真卿书法风格的成熟作品，是典型的颜体代

虞世南《孔子庙堂碑》（楷书）

柳公权《神策军碑》（楷书）

图六十一

表作。他的行书作品《祭侄季明文稿》也是传世书法珍品，被誉为"天下第二行书"。柳体楷书将欧体的结体严密、法度森严和颜体的结体宽绰结合起来，并且融入了魏碑中方笔硬折的点画特征，形成了自己楷书瘦硬挺拔的独特风格，《神策军碑》是柳体楷书最有代表性的作品。颜、柳两人的楷书可谓是楷书书法艺术的极至，书史上称之为"颜筋柳骨"，他们的作品自然也成了后世习书者最多临摹的法帖。

与楷书、行书相比，草书更具有抒情性。草书由汉代每个字自成起讫、不相勾连的章草逐步演变发展，到了晋代，开始向今草过渡，两晋陆机的《平复帖》是这种过渡期的典型作品。至于今草的最终形成，王羲之、王献之父子所起作用最大。今草与章草相比，更不容易识认，就汉字的交际功能来说，这种书体已没有多少实用价值，但它的艺术欣赏价值却独具一格。

南北朝以后，草书书法进一步发展。唐代的草书书法大家迭出，并且将草书推向极致，产生了狂草。狂草大多狂放不羁，洒脱飘逸，完全是游离于汉字交际功能之外的一种艺术形式。张旭是书法史上一位了不起的草书大家，人称"张颠""草圣"。《肚痛帖》是他著名的传世狂草法帖之一。怀素是唐代另一位狂草大家，他早年即矢志书法，勤习不辍，以至于"秃笔成冢"，传世名帖有《苦笋帖》《论书帖》等。由于张旭、怀素同擅狂草而又风格各异，书法史上便有了"颠张醉素"之称。

唐代以后，书法家更是代不乏人。五代有人称"杨风子"的杨凝式，宋代有苏轼、黄庭坚、米芾、蔡

陆机《平复帖》（今草）

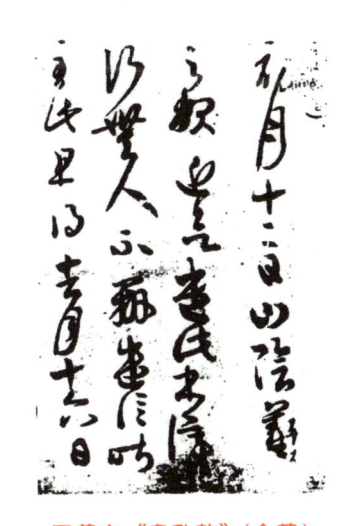

王羲之《丧乱帖》（今草）

图 六十二

张旭《肚痛帖》（狂草）　　　怀素《苦笋帖》（狂草）

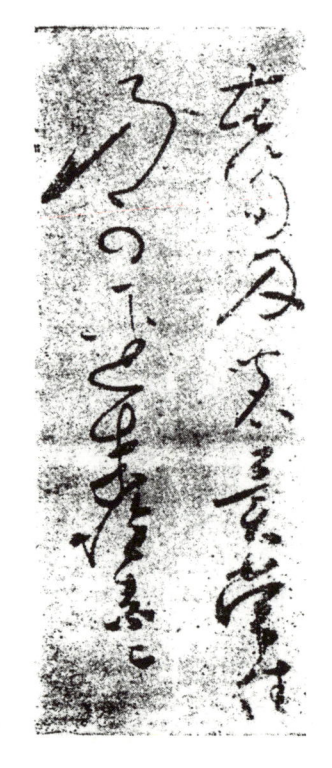

图 六十三

襄四大家，就连宋徽宗赵佶（jí）也酷爱书法，他所创"瘦金体"因风格独具，而在书法史中占有一席之地。元代有赵孟頫（fǔ）、鲜于枢，明代有董其昌、祝允明、文徵明、黄道周等，清代有王铎、郑板桥、邓石如、何绍基、翁同龢、吴昌硕、康有为等，他们都因书法技艺各具特色而名扬当时。

时至今日，书法这门由汉字衍生出来的艺术形式，仍然受到人们的重视和喜爱，只是由于日常书写工具的改变，传统书法艺术的

米芾《虹县诗卷帖》（行书）　　赵孟頫《归去来辞》（行书）

图 六十四

发展面临着新的挑战。不过这门古老的艺术形式仍有着广泛而深厚的群众基础，相信一定会后继有人、辉煌长存。

汉字宜于形成语句的形式美

登鹳雀楼

[唐] 王之涣

白日依山尽,黄河入海流。

欲穷千里目,更上一层楼。

一首五言绝句《登鹳雀楼》千百年来广为流传,家喻户晓。相信在你咿呀学语之时,父母亲就教你诵读了。短短的四句诗,为什么竟有如此巨大的感染力?当然主要是因为诗的意境苍茫壮阔,诗意极富启发性,而形式美也不能不说是这首诗广为传诵的一个重要原因。

这首诗两联四句,每句五字,利用方块汉字的固有特点,构成了这首诗的整齐外形。这种整饬（chì）的外形美是唐代以来形成的格律诗的一个显著特点，无论是绝句（四句诗句）、律诗（八句诗句）、长律（超过八句的格律诗），还是五言（每句五字）诗、七言诗，都具有这种形式美。

汉字外形方正整齐，而且一字一个音节，声调分明，利用汉字形、音、义方面的特点可以构成汉语的特殊文学样式——对联。对联由字形、字义、字音都两两相对的两个整齐而优美的句子构成，如《登鹳雀楼》就是由两副对联构成。"白日"对"黄河"，两个词语都是偏正型结构；"依"对"入"、"尽"对"流"，都是动词对动词，"山"对"海"则是地貌名词相对。不但字义相对，字音也是相对的。唐代的四个声调与今天普通话有所不同，是"平、上（shǎng）、去、入"四声。平为平声，上、去、入为仄声，对联的上下句要讲究平仄相对。按照古汉语的声调，"白日依山尽"的平仄是"仄仄平平仄"，"黄河入海流"是"平平仄仄平"，两句的平仄正好相对。

对联不仅形式整饬美观，而且诵读起来节奏感强，朗朗上口，极富韵律美。唐代以后，一位文人雅士如果连对对子都不会，那简直是不可思议的事情。创作诗歌要用对联，就是平常游戏取乐也用对子。据说宋代时，佛印和尚与大文士苏轼谈论佛学，大吹佛法玄妙莫测。苏小妹是苏轼的妹妹，文章水平也是了不得。她在帘后听了佛印的吹嘘，很是不满，于是就写下了一句上联，令婢女传递上去，一方面想讽刺他一番，另一方面也想难他一难，让他对出下联。苏轼接来一看，边笑边递给佛印道："有意思，有意思！"佛印接过一看，即刻便知苏小妹有挖苦为难自己之意。谁知佛印眼珠转了几转，便提笔写下下联。苏轼一看，忙不迭连声叫好："不但对得工整，反击也算是正得其妙！"这副对联妙还是不妙，你不妨也来评评。

上联：人曾是僧人弗能成佛，

下联：女卑为婢女又可称奴。

这副对联由四个字拆开、延展而成，上联是"僧"和"佛"，下联是"婢"和"奴"。上联的意思是，僧是人终究不能变成佛。言下之意是，你佛印虽然吹得天花乱坠，终究是人而成不了佛。下联的意思是，女子地位低下者为"婢"，女子也可称为"奴"。言下之意是，女人终究是女人，地位卑下。上、下联虽然平仄没有严格相对，但佛印能够在仓促间对出这样的下联来，也算是难能可贵了。

根据不同的功用，对联可以分为春联、楹（yíng）联、婚联、寿联、挽联等。其中春联可谓是人们最为喜闻乐见的对联形式。每当旧岁将除、新春将至之时，人们总要在门上或门框两边贴上一副对联，表示对来年新生活的祝愿。传说五代十国时的蜀后主孟昶（chǎng），在岁末年初之时，就写过这么一副对联：

新年纳余庆

佳节号长春

孟昶是个亡国之君，但这副对联却足以说明他颇有文才。后人一般就把这副对联视为春联的鼻祖。到了明代，春联就已经较为盛行，据说明太祖朱元璋建都金陵（今江苏南京市）之后，除夕这天传旨公卿士庶之家，门上要加春联一副。这种新春贴春联的风俗至今不衰。

春联的内容一般是吉庆的祝福，是人们对美好新生活的一种企盼。但有些贪官们也以春联的形式来粉饰自己，标榜自己，这就不能不让人感到愤愤不平，甚至觉得他们是在亵渎春联。传说以前有这么一位贪婪而凶残的官员，年关来临时，竟然恬不知耻地贴出一副春联，往自己脸上贴金。其联云：

爱民若子

执法如山

按照这副对联来看，贪官似乎摇身一变，成了一位关心百姓、清正廉明的父母官了。百姓的眼睛是雪亮的，当然对这个贪官的所作所为感到无比愤慨。为了撕下贪官脸上的画皮，一位聪明的百姓在原来对联后面加了些字，形成了意思截然不同的另一副对联：

爱民若子，金子银子皆吾子也

执法如山，钱山靠山岂为山乎

如此一改，贪官的狰狞面目即刻暴露无遗。尽管贪官看了以后气得七窍生烟，却也无可奈何。

对联的功用丰富多彩，可以用来表示对美好新生活的祝愿，也可以用来描绘、赞美祖国的大好河山。云南昆明滇池大观楼的一副楹联就是很好的例子。

上联：五百里滇池，奔来眼底，披襟岸帻，喜茫茫空阔无边。看：东骧神骏，西翥灵仪，北走蜿蜒，南翔缟素。高人韵士，何妨选胜登临。趁蟹屿螺洲，梳裹就风鬟雾鬓；更苹天苇地，点缀些翠羽丹霞。莫辜负：四围香稻，万顷晴沙，九夏芙蓉，三春杨柳。

下联：数千年往事，注到心头，把酒凌虚，叹滚滚英雄谁在？想：汉习楼船，唐标铁柱，宋挥玉斧，元跨革囊。伟烈丰功，费尽移山心力。尽珠帘画栋，卷不及暮雨朝云；便断碣残碑，都付与苍烟落照。只赢得：几杵疏钟，半江渔火，两行秋雁，一枕清霜。

对联大多短小精悍，而这副楹联可算是对联中的长篇巨制，上下联洋洋洒洒，共有180字。上联尽情铺陈，描绘五百里滇池的无限风光，东南西北，四季推移，滇池的各种美景尽现笔端。下联历陈史事，叹汉唐宋元，无数英雄虽显赫一时，却终究耐不住时光的流逝而成为随风飘散的过眼云烟，以此衬托出大自然的美是永恒的，不会因为时光的变迁而褪色。这副由清代孙髯（rǎn）创作的楹联立意高远，气势恢宏，字句洗练，对仗工整，可谓对联中的上上品。

汉字字谜益人心智

说过了对联带给我们的无穷乐趣,你会不会自然地联想到汉字的另外一种娱乐形式——字谜。汉字构形复杂多变,又可以分解成不同的基本笔画,合体字则可以分解成两个或两个以上的独体字,这些为汉字制成谜语提供了很好的条件。作为一种娱乐形式,字谜古已有之,并为文人雅士乃至平民百姓所喜爱。例如明末清初人周亮工的《字触》卷五中就有这么一条字谜:"目字加两点,不作贝(貝)字猜;贝(貝)字欠两点,不作目字猜。"这条谜语猜两个汉字(繁体),可采用加字法获得谜底。又如谜面"拿不出手",猜一个字,可采用减字法获得谜底。这两条字谜你猜得出来吗?我想能的。(谜底见本节末尾。)

有时为了使字谜更具娱乐性、观赏性,制作者还将谜面写成诗歌的形式。如南朝刘宋时代的文学家鲍照就写过一首字谜诗："二形二体，四支八头，四八一八，飞泉仰流。"这首四言诗的谜底是"井"字。现代人要猜出这条字谜已不太容易，因为井已基本从我们的生活中消失，尤其是城市里普遍用自来水，水井早已成了历史的陈迹。这首字谜诗将井的形制、功用以及井的字形杂糅在一起制成。"二形二体"是指井口与井体而言。"四支八头"是就"井"字本身而言，"井"字由横、竖各两笔构成，四面各露出两头，共计八头。"四八一八"是就分解"井"字和水井的形状而言，"四八"即四分，分解"井"字可得四个"十"字形，"一八"是指井有八个角。"飞泉仰流"是指放绳桶吊水。

字谜不仅能够娱乐身心，还能够健脑益智，所以古往今来这一娱乐方式长盛不衰。古代有两个这样的故事：

东汉末年，杨修任丞相曹操的主簿。当时正在建造相国府的大门，才把屋椽架好，曹操就亲自来看施工进展。他看了之后，什么话也没说，只叫人在门上题写了个"活"字，便转身离开了。杨修看到曹操让人题的字后，就下令把门拆掉重砌。拆完后，杨修才对大家说："在门中加一'活'字，就是'阔'。曹丞相是嫌门造得太大了。"

魏武帝曹操曾到江南，从曹娥碑下经过，当时杨修在旁随从。曹操看完正面碑文后，见碑的背面还有蔡邕题写的八个字："黄绢幼妇,外孙齑(jī)臼。"曹操看后,不解其意,就问杨修:"你知道这八字是什么意思吗?"杨修当即回答说:"知道。"曹操说:"你先不要说出来,等我想一想。"继续往前走了三十里地,曹操才想出来。杨修就让曹操先说出答案,曹操则让杨修先把他理解的意思写下来。杨修写道:"'黄绢',是有颜色的丝,说的是'绝'字;'幼妇',即少女,合起来是'妙'字;'外孙',是女儿的儿子,'女''子'二字相合即'好'字;'齑臼',是用来盛受有辛辣味蔬菜(如韭菜等)的用具,'受''辛'相合即是'辤'字。这八字连起来说的是'绝妙好辤'。""辤"是"辞"的俗字,汉隶有这样的写法。曹操也记下了自己理解的意思,和杨修的正相同。于是,曹操感叹说:"我的才气比不上你,竟然相差了三十里!"

汉字真是一种神奇的文字,在一个个方方正正的字形中,隐藏着无穷的魅力。她不但充当我们的交际工具,还为我们的生活增添浓浓的色彩。只要是置身于汉字王国中的人,就没法儿不称扬汉字的精妙绝伦!

谜底:"目字加两点,不作贝(貝)字猜"为"賀"字;"贝(貝)字欠两点,不作目字猜"是"資"字;"拿不出手"为"合"字。

汉字在古代域外的使用与传播

看到这个标题，你不要感到奇怪，汉字虽然是我们汉族先民们创造的，使用汉字的也主要是汉族人，但在古代，汉字随着汉文化的传播而传到很多地方。

在汉代，自张骞通西域（今新疆及中亚一带）以后，汉王朝的势力逐渐延伸到西域，到汉宣帝神爵二年（公元前60年），汉王朝在今新疆轮台县设立西域都护府，统辖天山南北的36个小国。在这些小国家中，势力较大的三个国家于阗（tián）、疏勒、鄯（shàn）善，上层社会都使用汉语、汉字。在和田出土的圆形铜币（年代为公元1—2世纪），分为大、小两种，正面都刻着篆体汉字，大钱刻的是"重廿（niàn）四铢铜钱"6个汉字，小钱刻的是"六铢钱"几个汉字。在尼雅出土的8枚木简上，两面都写着汉字。一直到南北朝，很多西域小国的官方文书仍然用汉字书写。

唐代以后，在中国北方的广大土地上，曾经存在过三个由少数民族建立的强大政权：由契丹族建立的辽（907年—1125年）、由党项羌族建立的西夏（1038年—1227年）、由女真族建立的金（1115年—1234年）。这三个民族都使用过汉语、汉字，而且都利用汉字为构件创制了自己的文字。辽创制的文字叫作契丹文，分为大字和小字两种，字体均像方块汉字，一般是由一个或几个原字并列或重叠构成，原字分正楷、行草、篆书等字体。西夏创制的文字叫西夏文，字体模仿汉字的楷书体，分为楷书、篆字、草字等，每个字由一至几个小方块字构成，分左、右、上、中、下等块，多数是会意字。金创制的文字叫女真文，它是模仿契丹字和汉字造出来的，也是分大字和小字两种，写法是把两个单字并列或重叠写在一起。不过，用这三种文字写出来的文献留下来的很少。

看到这儿，你一定会为汉字有这么大的影响力而感到骄傲，是的，我们每一个华夏儿女都会有一种自豪感。不过，让你感到更自豪的还有呢，不信，你往下看。

六朝以后，日本、朝鲜、韩国开始受到汉文化的强烈影响，而越南早在秦始皇时代就接受了汉文化的熏陶。

先说越南。越南在沦为法国的殖民地之前，正式的文字就是汉字。10世纪以后，文人们为越南土话造出一种越字，叫作"字喃（nán）"，是利用汉字六书中会意、形声、假借的方法构成的。

介 (1)　　　埔 (2)　　　尾采 (3)

图 六十五

图六十五的（1）是个会意字，意思是乡长，由"人"和"上"构成。乡长不是高高在上吗？（2）是个形声字，"牛"是形符，"甫"是声符，意思是黄牛。（3）也是形声字，声符是"尾"，形符是"采"，意思是彩色。

古代越南人用字喃创作了大量诗歌，大都流传了下来，最著名的是阮攸（1765年—1820年）的《金云翘传》。不过，越南现在已废除了字喃和汉字，而采用了一种拼音文字。

再说日本。据说汉字在公元4—5世纪经过朝鲜半岛传入日本，成为古代日本的官方文字。每个汉字通常有两种读法：训读和音读。前者指日语的原有读法；后者指移借过来的古代汉语读音，根据汉字传入日本的时代和地区不同，音读又分为吴音（六朝时传入日本的江浙一带的汉字读音）、汉音（隋唐时期从中原地区传入日本的汉字读音）、唐音（宋朝以后传入日本的南方汉字读音）三种。另外，日语里还有一种独有的日语汉字，叫"国字"，它是根据汉字六书中的会意创造的，如"凪"，用"风"字的头两笔加上一个"止"字构成，表示"风止"，意思是风平浪静。在日本，用汉字写成的文献保留下来的特别多，甚至许多古代中国人的著作在国内已经失传，但在日本还保留着。由于汉字书写日语不太方便，9世纪以后，日本出现了"平假名"和"片假名"这两种书写字体，都是73个，平假名是借汉字的草书创造的，片假名是利用汉字的偏旁创造的，但是汉字并没有废除，而是与这两种假名交替使用，你只要找本日语书翻翻就知道了，直到今天，仍然如此。

古代的朝鲜（今天的朝鲜和韩国）也是使用汉字的。19世纪末以前，许多重要的朝鲜文学作品都是用汉语写成的。朝鲜历史上最著名的文学家崔致远曾参加过唐朝的科举考试，他的文集《桂苑笔耕集》就是用汉语写成的。直到15世纪，朝鲜人才创制出自己的文字"谚文"。今天，朝鲜只使用谚文，韩国则是谚文和汉字并用。

汉字是联结时空的彩带

1949年10月1日，毛泽东主席站在雄伟的天安门城楼上，向全世界宣告中华人民共和国正式成立了！从那时起，中华民族结束了一百多年来被侵略、被侮辱的历史，昂首屹立于世界民族之林。那是怎样一个激动人心、振奋人心的时刻！今天，每当我们重新观看那一刻天安门广场一片欢腾的影视资料时，依然会激动不已。历史记住了那一刻！而反映那一刻振奋人心的声像资料也将永远流传下去，后人可以凭此而目睹当时的场景，倾听毛泽东主席庄严宣告的声音。

这是科学技术迅猛发展给我们带来的好处。不过，时间再往前推，你能够听到林则徐虎门销烟时的怒吼吗？你能够听到唐太宗李世民率领军队拼战沙场的金戈铁马声吗？你能够听到秦代百姓修筑长城时的痛苦呻吟吗？当然不能，因为古代没有录音技术，而有声语言又是稍纵即逝的。但是，我们并没有因为古代没有录音技术，也没有因为有声语言的稍纵即逝而对古代的史事一无所知。我们通过汉字知道了盘古开天地，通过汉字知道了炎帝、黄帝，通过汉字知道了夏商周、春秋战国、秦汉三国……汉字能让今天的人和古人"对话"，与古人沟通；汉字也能使后人与我们"对话"，跟我们交流。汉字能跨越时间的障碍，让汉族人民隔代交流。

当你打开书本学习知识时，当你打开作业本做作业时，当你通过互联网了解国内外新闻时，你是否想过，汉字在为你与外界交流架起桥梁？也许汉字与你太亲近了，以至于你很少想到她的功劳。你不应该因为汉字与你过于亲近而忽视了她，是她为你打破了空间的隔膜，让你能在不必谋面的情况下与作者、老师、亲朋好友进行交流。没有汉字的帮助，你的世界会变得十分闭塞、十分狭隘，甚至寸步难行。

我们的祖国地域广阔，各不相同的方言区域普遍存在：北方方言区、吴方言区、湘方言区、赣方言区、客家方言区、闽方言区、粤方言区等，这些方言区之间，在语音方面的差异相当大。对于一位北方人来说，听吴方言或粤语与听外语并没有多少差别。传说有一位饱学的读书人，在方言方面有特别的研究，各种方言他都能听懂。一次，他来到江苏常州西面的地区，自以为能够听懂所有方言的他，当然认为听懂当地方言不成问题。一路走来，他与当地人频频交谈，但发现越来越不对头，他能听懂上海话，却很难听懂常州西面的方言。更让他头痛的是，走出去二三里路，语音就有变化。于是，越往西走，他就越难听懂当地方言。走到丹阳地界时，他终于无法与人交谈了，因为他什么都听不懂。他的自尊心受到了极大的伤害，以至于承受不了这种沉重的打击，一气之下竟然魂归西天。这也许是个杜撰的笑话，但却真实地反映了方言复杂多样的现象。在短短的数十里左右的距离，语音就发生了这么大的变化，可见方言会妨碍不同地域的人们交流。解放以后，国家大力推广普通话，取得了很大的成果。在方言不通的情况下，现在人们通常能用普通话进行交流。不过"乡音难改"的情况也不少见，有时还会因此而闹出许多笑话来。因此，我们还可以请汉字帮助。无论地域之间的方言差别有多大，只要落实到汉字上，彼此之间的距离一下子就缩短了。一位上海人与一位广东人，使用各自的方言是无论如何也不能进行交流的，但他们之间用写字的方式进行交流是绝对没有问题的。你看，汉字可以把方言的阻隔冲得无影无踪。

如果说汉语是一只鸽子的话，汉字就是鸽子的双翅。这只美丽的鸽子可以振翅穿越时间的隧道，飞越辽阔的空间，冲破方言的藩篱，把占世界人口五分之一的汉民族的每一分子紧紧地联结在一起，汉字是你我他之间的一条彩色纽带。

作者简介

何亚南

南京师范大学文学院教授,博士生导师,江苏省语言学会副会长。曾获江苏省普通高校优秀中青年骨干教师称号、中国社会科学院青年语言学家奖等。

储泰松

安徽师范大学文学院教授,博士生导师,国家语言文字推广基地(安徽师范大学)常务副主任,安徽省教学名师,安徽省学术和技术带头人,《中国语文》杂志编委。